KB039897

다국어 동시 말하기
유대인을 넘다

익힘(習)의 능력으로 빛을 발하다

다국어 동시 말하기
유대인을 넘다

진기석 · 김현수 지음

Hola

Hello

你好

"입은 제 2의 뇌다"

1만번 말하기 실현

브로카

입

TOL·EDU

익힘(習)의 능력, 미래를 살아갈
아이들의 원천기술이다

필자는 〈영어는 기술이다〉, 〈미라클 영어코칭〉이라는 도서를 집필하고 외국어 교육의 한(限)을 없애고자 부단히 노력해왔다. 지난 17년은 수많은 고정관념과의 전쟁이었고, 커리큘럼이라는 '學'과의 싸움의 연속이었다. 긴 시간동안 저자로서 초등 고학년부터 일반 성인을 대상으로 외국어 교육의 본질을 이해하고 한(限)을 풀 수 있도록 노력했지만 늘 풀리지 않는 수수께끼 같은 의문이 있었다.

"왜 지속적으로 말하기를 못할까?"

"왜 외국어를 어렵다고 생각할까?"

"왜 외국어는 외워야 한다는 생각을 버리지 못할까?"

이러한 고정관념에 사로잡힌 질문은 답을 알려줘도 스스로 헤어나오지 못하는 경우가 너무나 많았다. 머리는 끄덕이면서 입은 한 마디도 하지 못하는 벙어리 냉가슴처럼 애만 쓰다가 포기하는 경우다. 필자는 어디서부터 문제인지 그 시작점을 알고 싶어 미칠 지경이었다. 이런 미스터리 같은 3대 불가사의는 유아교육 시장에서 그 실마리를 찾게 되었다.

- 3개월만에 처음 익혔던 다국어를 모국어처럼 사용하는 아이들
- 다양한 놀이활동을 하면서 입은 쉬지 않고 다국어를 동시에 말하는 아이들
- 생각하지 않고 다국어를 동시에 말하는 아이들

아이들은 쉬지 않고 재잘거리며 다국어를 어렵게 생각하지도 않을 뿐만 아니라 오히려 즐거워하고 있었다. 필자는 이제까지 겪었던 학습자와는 전혀 다른 양상을 경험하면서 놀라운 사실을 발견하게 되었다.

모든 유아들에겐 놀라운 익힘(習)의 능력이 있다는 것!

단순히 수십번의 반복으로 행사용이나 과시용으로 다국어 몇 마디를 하는 것을 말하는 것이 아니다. 이러한 다국어습득이 뇌발달과 연결되고, 익힘의 경험이 인식 능력이 형성되는 시점에 만들어진다면 창의성의 원천이 된다는 사실이다.

이러한 사실은 시사하는 바가 크다. 우리의 가장 큰 문제는

재능과 호기심이 있더라도 그것을 지속적으로 익히는 연습을 습관화 하지 못했을 뿐만 아니라 익힘의 즐거움을 단 한번도 느껴보지 못한 채 유아시절을 보내는 경우가 대부분라는 것이다.

필자는 다국어 동시 말하기를 연구하고 개발하면서 우리 조상들이 얼마나 천재였는지, 왜 유대인이 세계를 리더하고 두각을 나타내는지 그 비밀을 알아버렸다. 그리고 필자는 모든 역량을 쏟아 다국어 동시 말하기를 통해 시스템적으로 대한민국의 아이들이 익힘의 능력을 형성할 수 있도록 해야 한다는 확신을 갖게 되었다.

세계 최초로 특허를 받은 '다국어 동시학습 시스템'을 소개하는 이유는 분명하다. 우리가 유대인을 넘어 다국어를 가장 잘하는 민족으로 우뚝 섰으면 한다. 뿐만 아니라 각 분야에 자신의 역량을 충분히 발휘할 수 있는 익힘(習)의 능력을 갖추기를 희망한다. 그로 인해 4차산업혁명시대에 적합한 창의성과 비판적 사고력 그리고 소통능력과 협업능력을 통해 문제해결능력이 탁월한 인재로 성장하길 바라는 것이다.

프롤로그_ 익힘(習)의 능력, 미래를 살아갈 아이들의 원천기술이다 • 4

대한민국, 3개국어 동시 말하기를 시작하다 • 10

Tree of Language

다시 시작된 영어 해방일지 • 16

첫째 날_ '學'으로 시작된 지식의 노예 • 17

둘째 날_ 學'에 끌려 다니던 옛 '나'를 버리자 • 21

셋째 날_ 익힘(習)'이 시작되자 비로소 보이는 것들 • 25

넷째 날_ '익힘(習)'이 만든 새 '나' • 30

다섯째 날_ 새 '나'에게 새겨진 익힘의 능력 • 34

여섯째 날_ 해방이 만든 나비효과 • 38

일곱째 날_ 영어 해방이 부른 다국어 동시 말하기 프로젝트의 시작 • 42

좋은 땅에 숨겨진 다국어의 비밀, 익힘의 능력 • 48

가시덤불 위_ 염려와 불안감은 익힘의 능력을 상실하게 만든다 • 49

흙이 얕게 덮인 바위 위_ 시대적 고정관념으로 익힘의 능력이 제한되다 • 54

온갖 지식으로 굳어진 길가_ 지식으로 만들어진 커리큘럼, 생명을 잃다 • 59

좋은 땅1_ 조상들과 4차산업혁명, 우리의 다국어 DNA를 깨우다 • 63

좋은 땅 2_ 익힘의 능력이 탁월한 천재들을 발견하다 (1) • 68

좋은 땅 3_ 익힘의 능력이 탁월한 천재들을 발견하다 (2) • 74

Training of Language

지식의 법에서 생명의 법칙으로 • 80

제 1법칙_ 단순성과 순수성 • 81

제 2법칙_ '學'이 아닌 '習'을 위한 코치 • 86

제 3법칙_ 다국어 동시 말하기 코칭법 (1) • 91

제 3법칙_ 다국어 동시 말하기 코칭법 (2) • 96

제 3법칙_ 다국어 동시 말하기 코칭법 (3) • 101

제 4법칙_ 우뇌의 발달과 좌뇌의 브로카 영역의 활성화 • 106

제 5법칙_ 놀이활동과 메타인지 • 111

제 6법칙_ 지식기반과 암묵적 지식 • 116

제 7법칙_ 놀이와 익힘의 선순환 • 121

생명의 법칙으로 자라고 변화하는
다국어 동시 말하기 현장 탐방일지 • 126

첫 달_ 기대와 우려의 첫 만남 • 127

2개월 차_ 전국에 올려 퍼지는 최초 다국어 동시 말하기 Song • 132

3개월 차_ 아이들이 다국어 동시 말하기 증인이 되기 시작하다 • 137

6개월 차_ 다국어가 놀이가 되다 • 142

1년차_ 씨앗이 되는 다국어 단어와 문장이 심겨지다 • 147

1년 3개월차_ 다국어 폭발 시기를 경험하다 • 152

1년 3개월과 2년 사이_ 특허로 인정받고 교육현장으로 증명하다 • 157

Tree of Life

익힘(힘)의 능력이 만들어낸 시너지 효과 • 163

TOL 다국어 동시 말하기, 생활이며 문화가 되다 • 168

언어가 놀이가 된 아이들, 다국어 스타가 되다 • 172

다국어 동시 말하기는 쉽다 • 177

부모가 자녀가 되고, 자녀가 코치가 되다 • 181

다국어놀이학습코칭지도사, 브레인리더의 길을 열다 • 186

익힘(힘)의 능력을 깨운 아이들 • 190

익힘(힘)의 흔적으로 다국어 동시 말하기의 히스토리를 만들다 • 195

주니어다국어놀이학습코칭지도사, 유아의내적동기가 되다 • 199

발명 특허 받은 다국어 동시학습 시스템, 세계의 문을 두드리다 • 203

에필로그_ 모든 언어는 하나이며 사랑의 표현이다. • 207

참고문헌 및 관련 기사 • 211

부록_ 다국어 브레인리더(MBL) 모집 안내문 • 216

대한민국,
3개국어 동시 말하기를 시작하다

"3개국어 동시말하기, 이게 가능하더군요."_강원 지역 OOO유치원 원장

"애들이 거침없이 말하는 게 신기했어요."_인천 지역 원생 학부모

2021년 6월 어느 무더운 여름날…

바다와 땅이 만나 시원한 바람을 일으키는 오이도의 한적한 공원 앞에서 제임스와 폴은 심호흡을 하며 원장의 호출만 기다리고 있었다. 만감이 교차했다. 기대와 설렘 그리고 우여곡절과 고진감래에 대한 감정이 밀물과 썰물처럼 몰려와 흩어지는 것 같았다. 모두가 상업적 가치를 쫓아갈 때 언어의 본질을 추구하며 걸어온 17년의 여정이 주마등처럼 스쳐갔다. 매순간 마지막이라는 생각으로 걸어온 지난 세월을 역사적 현장을 통해 보상받고 싶은 마음이 굴뚝 같았다.

"여보세요?" 폴 코치는 전화벨이 몇 번 울리기도 전에 흥분된 목소리로 전화를 받았다.

"5분정도만 기다리면 될 것 같습니다."

"17년을 기다렸는데, 지금 이 순간이 훨씬 길게 느껴지네" 5분이 두 사람에겐 영원한 순간만큼이나 긴 시간처럼 느껴졌다.

제임스와 폴이 유아 교육기관 안으로 들어서자, 원장은 너무나 자연스럽게 우리를 향해 "Buenos días"라고 말하며 반갑게 인사를 했다. 영어가 아닌 다른 언어로 인사를 하는 교사들과 원장 그리고 원생들을 처음 접한지라 신선했다. 다국어를 모국어처럼 사용하는 느낌이랄까…. 교실 밖에서도 정체를 알 수 없는 다양한 말소리가 들릴 듯 말 듯 흥분을 부추기고 있었다. 1미터 앞에 있는 교실문이 이리도 멀었던가? 한 걸음이 천리 길을 가는 것처럼 멀게만 느껴졌다. 문을 열자 아이들이 뚜렷하게 다국어로 대화를 하는 모습을 볼 수 있었다.

A : "Good morning"

B : "早上好"(안녕~~)

C : "Buenos días"(안녕~~~)

A : "¿Cómo te llamas?"(이름이 뭐니?)

B : "我的名字叫 박수희"(내 이름은 박수희야)

C : "你叫什么名字?"(이름이 뭐니?)

A : "Mi nombre es 이진수"(내 이름은 이진수야)

C : "Nice to meet you"

B : "Encantado(da) de conocerle."(만나서 반가워)

유럽이 아닌 한국에서 다국어로 동시에 말하기 현장은 그야 말로 신세계였다. 3명의 아이들이 자신들이 익혔던 영어.중국 어.스페인어를 자연스럽게 사용하고 있었다. 영어로 말을 하면 중국어나 스페인어로 대답하고 중국어나 스페인어로 질문하면 다른 언어로 말하는 것이 놀이처럼 느껴졌다.

명문가 자녀에게만 전해졌던 학습비법, 조선시대 [아학편]을 통해 다국어(영어, 중국어, 일본어)동시학습법을 대중화하려고 했던 조상들의 바람이 이제야 실현되는 모습이었다.

　　제임스와 폴은 역사적인 현장을 놓치고 싶지 않았는지, 휴대폰으로 원생들의 뒷모습을 촬영하면서 금맥이라도 발견한듯이 탄성을 지르며 함박웃음을 짓고 있었다. 이 날의 백미는 21세기 서당을 재현하는 모습이었다. 모든 원생들이 다국어 동시 말하기 교재를 한 장씩 넘기면서 "하늘 천~, 땅 지~~"를 외치듯이 3개국어를 동시에 외치면서 책장을 넘기는 장면은 모든 이들에게 전율을 느끼게 할 정도로 감동적이었다.

　　두 사람은 원생들의 자연스러운 '다국어 동시 말하기'모습을 넋 놓고 바라보고 있었다. 이것이 대한민국 역사상 최초로 일어난 사건이었다.

　　"지금 두 분은 대한민국의 미래를 보고 있는 겁니다." 원장의 확신에 찬 한 마디가 두 사람의 마음을 뒤흔들었다.

Tree of Language

일년생 꽃이 아닌 다년생 아름드리 언어의 나무여~~
잡다한 지식으로 언어의 본질을 빼앗는 길가에
그대의 뿌리를 맡기지 마라.
흙 속의 바위처럼 고정관념으로 사로잡힌
자갈밭에 그대의 뿌리를 내리지 마라.
가시 엉겅퀴를 내며 열매를 결실치 못하는
가시밭에 그대의 뿌리를 상하게 하지 마라.

다시 시작된
영어 해방일지

우리는 '다시'라는 말에 시작이라는 '설레임'의 감정을, '다짐'
이라는 의지의 비장함을 동시에 느끼게 한다. '다시'라는 말에
는 묘한 기대와 의지를 품고 있다.

첫째 날_ '學'으로 시작된 지식의 노예

둘째 날_ '學'에 끌려 다니던 옛 '나'를 버리자

셋째 날_ 익힘(習)이 시작되자 비로소 보이는 것들

넷째 날_ '익힘(習)'이 만든 새 '나'

다섯째 날_ 새 '나'에게 새겨지는 익힘의 능력

여섯째 날_ 해방이 만든 나비효과

일곱째 날_ 영어 해방이 부른 다국어 동시 말하기 프로젝트의 시작

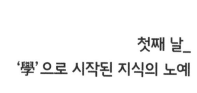

첫째 날_
'學'으로 시작된 지식의 노예

언어는 지식이 아닌 생명의 표현이다. 언어가 지식이 되는 순간 그 사람은 지식의 노예로 전락하고 만다. _제임스 진, 폴 킴

2020년 6월

"드르륵~~ 드르륵~~"

"안녕하세요. OO 교육기관의 이사장입니다. 혹시 〈영어는 기술이다〉〈미라클 영어코칭〉저자 맞나요?" 이렇게 시작된 대화는 20여명의 교육 기관장들의 〈독서모임〉에서 저자의 도서를 읽고 영어에서 해방되고 싶은 간절한 마음이 생겼다며 3개월간 영어 코칭을 의뢰하는 것으로 이어졌다.

제임스와 폴은 외국어 교육생태환경을 바꿔보겠다고 발버둥 쳤던 지난 시간이 코로나로 인해 모두 숲으로 돌아간 것은 아닌지 걱정이 많았다. 하늘만 바라보며 영어 해방일지는 어떻게 다시 시작해야 할지 막막했던 터라 너무나 반가웠다.

인천 남동구 OOO빌딩에는 각계 각층의 교육관계자가 한 자리에 모여 있었다. 50대 후반에서 70대 연령층으로 구성된 이들의 얼굴 표정은 무척 상기되어 있었다. 이날 〈저자와의 만남〉은 그들의 난제를 해결할 유일한 희망이며 마지막 기회로 여기는 모습에서 기대와 각오를 느낄 수 있었다. 훈훈한 분위기 속

에서 영어 코칭을 의뢰한 최 이사장은 모두에게 저자를 소개했다. 제임스 원장은 강단 앞에 서서 간절한 마음으로 '다시 시작하는 영어해방 일지'의 닻을 올렸다.

"안녕하세요. 너무 오랜만에 강단에 서니 떨리네요. 독자를 만나면 늘 물어보는 질문이 있습니다. 답변을 해보시기 바랍니다." 모두들 긴장과 기대를 갖고 제임스 원장을 쳐다보았다.

"영어는 쉽다? 어렵다?" 저자의 질문에 "어렵다"라며 조금도 주저하지 않았다.

"영어는 외워야 한다? 외우지 않아도 된다?"

"영어는 외워야 한다" 이번에도 즉답이 쏟아졌다.

"영어를 생각하면 가슴이 답답해지면서 울렁증이 생긴다? 안 생긴다?"

"울렁증이 생긴다" 모두들 약속하고 합창이라도 하듯이 한 치의 오차도 없이 우렁차게 답변을 하며 웃고 있었다. 제임스 원장은 청중들을 향해 환하게 웃은 뒤, 정색을 하며 말을 이어갔다.

"여러분 대부분이 영어가 어렵고 외워야 하고 울렁증까지 생기게 만드는 원인이 '學'이라는 사실은 이미 책을 통해서 충분히 공감하실 것으로 압니다." 모두들 이해와 공감의 뜻으로 고개를 끄덕였다.

"영어가 어느 순간 배움의 즐거움을 위한 습득의 도구가 아닌 지식과 학문의 척도가 되어버렸죠. 언어의 습득은 세상과 사람을 알아가는 즐거움을 만끽하기 위한 도구였는데, 언제부턴가 본질이 변질되면서 왜곡된 언어교육이 형성되기 시작했죠. 이로 인해 겪는 영어의 고통은 영어가 익힘(習)이 아닌 '學'으로 자리매김하면서 시작된 비극이며 대물림의 산물이 되었죠.

여러분도 알다시피, 언어의 본질은 인간이 인간에 대한 관심과 사랑을 표현하도록 신이 인간에게만 허락한 능력이며 기능입니다. 하지만 계급사회가 형성되면서 계층 간의 욕망과 지적 욕구를 채우기 위한 도구로 전락하면서 언어의 순수성과 단순성은 훼손되기 시작했죠. 예를 들면, 우리나라는 일본의 식민지 하에서 '문화말살정책'을 통해 우리 민족의 정신과 혼이 담긴 한글을 사용하지 못했을 뿐만 아니라 외국어 교육의 생태환경을 '큰소리 리듬읽기 방식의 말하기 중심'에서 '독해와 문법'으로 바꾸면서 일본식 외국어 교육의 잔재로 '벙어리 영어'라는 대가를 치르게 된 것처럼 말이죠."

"농경사회에서 산업사회로, 산업사회에서 지식정보화라는 시대적 변화를 겪으면서 인간은 인간보다 인간이 만든 시대(세상)와 문화에 관심을 갖게 되었죠. 언어도 이러한 현상과 변화 과정을 함께 겪으면서 왜곡된 지식안에 갇힌 채 지식의 노예가 되고 말았습니다." 모두들 지식의 노예라는 말이 쉽게 와 닿지 않았는지 고개를 갸우뚱하고 있었다.

"노예는 무엇을 의미할까요? 노예는 주인의 명령에 따라 생사가 결정되며 자신의 생각.감정.의지대로 살지 못하고 기본적인 권리나 자유를 주장하지 못하며 인격의 존엄성마저 보장받지 못한 채 살아가는 피지배 계급을 말하죠. 지식의 노예도 마찬가지입니다. 인간은 마치 자신이 지식을 다룰 줄 안다고 생각하지만 그 지식이 인간을 어디론가 몰고 가고 있다는 사실을 전혀 눈치채지 못하죠. 우리가 알고 있는 영어라는 것도 잘못된 지식으로 인해 일생을 영어로부터 해방되지 못한 채 노예상태로 머물러 있잖아요. 여러분은 영어로부터 해방되었나요? 보십시요. 얼마나 아이러니 합니까!"

둘째 날_
'學'에 끌려 다니던 옛 '나'를 버리자

지적욕구와 욕망을 채우면서 '學'의 노예로 살던 옛 '나'를 버리는 것은
자신의 존재를 정확히 인식하는 것에서부터 시작된다.

_제임스 진, 폴 킴

"지금부터 우리는 영어의 해방일지를 써 내려가기 위해 영어의 노예로 살았던 자신의 모습을 모두에게 드러내는 시간을 갖도록 하겠습니다. 언어는 자신의 모든 것을 포함하고 표현하는 자신의 실재이기도 합니다. 영어가 언어가 되기 위해 우리가 할 일은 영어의 노예로 사로잡힌 자신을 인식하는 것에서부터 시작해야 합니다. '영어'소리만 들어도 왜 우리 각자는 어떤 생각과 감정에 사로잡혀서 해방되고자 하는 의지가 생기지 않는지 알아야 하니까요" 저자의 질문에도 늘 남들을 교육하느라 스스로를 교육하는 과정이 어색하다 보니 어느 누구도 적극적으로 나서지 못했다.

"저는…." 중앙에 앉아있던 한 여성분이 개미 같은 목소리로 자신을 표현하기 시작했다.

"저는 늘 상상했어요. 영어에서 해방된 어느 날, 아무도 모르는 아프리카에 가서 별이 쏟아지는 밤 하늘의 별을 보며 아프리카 친구와 함께 영어로 서로의 추억을 이야기하고 싶다는 상

상을 해요. 하지만, 지금의 저는 영어가 너무 어렵습니다. 많이 시도도 하고 노력도 했지만, 결국 영어가 어렵다는 사실만 확인한 시간들이었습니다. 두 저자분의 도서를 읽으면서 설레었고 마지막 기회라는 심정으로 이 자리에 왔습니다." 담담하면서 간절함을 담아 자신의 모습을 표현하자 다른 사람들도 맞장구를 치며 서로 말을 하려는 분위기가 형성되었다.

"저는 영어에 대한 좋은 추억이 있습니다. 100문장을 아무 생각없이 플래쉬 카드형태로 넘기면서 수십 번 읽었더니 입에서 툭 튀어나오는 경험을 했던 기억이 있습니다. 그 후로 지속하는 방법이나 구체적인 코칭을 받았으면 하는 아쉬움이 많았죠. 이번에 책를 보면서 전문적인 코칭을 받을 수 있을 거라는 기대가 생겼습니다." 모두가 영어로부터 해방되지 못한 채 겪어야만 했던 아픔과 아쉬움을 토로하기 시작했다.

"전…. 오랜 세월을 교육업에 종사하다 보니 외국인을 만나야 하는 일들이 생기기 시작하면서 영어 울렁증을 겪고 있습니다. 외국인이라는 말만 들어도 경기를 일으킬 정도로 두렵거든요. 이 나이에 새로운 일을 할 수는 없는 노릇이고 영어를 해보려고 수도 없이 시도했지만, 울렁증을 극복하기란 쉽지 않더군요. 이번에 못하면 끝이라는 생각이 듭니다. 무조건 극복해야 할 절박한 상황입니다." 60대의 여성은 영어를 잘근잘근 씹어서 완전히 자신의 것으로 만들고 싶어하는 비장함이 느껴질 정도로 간절했다. 모두들 자신들의 이야기를 솔직하게 털어놓았다. 가족이나 지인에게 말하기가 쉽지 않을 뿐만 아니라 쉽게 해결하기도 어려운 문제라 수십년 동안 가슴앓이를 했던 응어리를 들어주고 풀어줄 전문가의 손길이 필요했을 것이다.

"여러분이 저희에게 솔직하게 이야기 한 순간부터 영어 해방 일지는 시작되었습니다. 지금부터 바로 코칭을 시작하도록 하겠습니다. 우리가 마음속에 새겨야 할 문장이 있습니다. '나는 만 3살이다'라는 문구입니다. 다 같이 큰소리로 말해볼까요?"

"나는 만 3살이다" 모두들 독립군이라도 된 듯이 비장한 마음을 담아 큰소리로 따라했다.

"무서운 얼굴 표정으로 3살이라고 하면 3살짜리 아이들이 친구하자고 할지 모르겠네요." 모두들 박장대소를 하며 함박웃음을 지었다.

"우리 모두 만 3살적 어린아이로 돌아갑시다. 지금처럼 영어에 대한 두려움과 고통 속에서 헤매는 옛 '나'에서 세상일은 1도 모르는 어린아이로 돌아가는 겁니다. 어린 아이의 특징은 세상에 대한 두려움이 없고 주변의 시선을 신경 쓰지 않죠. 더구나 하고 싶은 말은 다 하고 남의 말을 그대로 따라하는 특징을 가지고 있습니다. 어디 그 뿐인가요? 했던 말을 또 하고, 계속해도 지루하다고 느끼지 않는다는 점이죠. 이것이 언어를 잘하는 비결입니다." 모두들 당황했지만 그런 것 같다는 생각도 들었다.

"어린 아이는 모국어를 익히는데, 전혀 거리낌이 없었죠.

그렇다고 아이들이 모국어의 철자나 문법을 알고 모국어를 잘 했던 것이 아니죠. 문자의 규칙이나 철자를 몰랐지만 먼저 말을 할 수 있었다는 사실을 잊지 않으시면 왜 만 3살 어린 아이가 돼야 하는지 이해가 되실 겁니다. 이제부터 영어를 지식으로 여기면서 노예로 전락한 옛 '나'를 과감하게 벗어버리고, 말하는 즐거움으로 세상을 알아가는 어린 아이와 같은 새 '나'가 되십시요. 이게 여러분이 이제까지 실패했던 영어에서 벗어나는 시작이라고 말씀드린 이유입니다." 기대와 각오는 어느 덧 가능하다는 확신과 할 수 있다는 긍정의 에너지로 승화되었다.

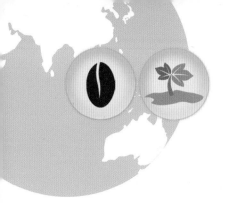

익힘에는 단순함에서 즐거움으로 가는 묘한 몰입감이 동반된다. 알파
파를 머금고 있는 몰입은 창의성을 몰고 다닌다. _제임스 진, 폴 킴

제임스와 폴은 만 3살 아이는 무엇을 배우는지가 중요한 게
아니라 말을 하는 것 자체가 굉장히 중요하다는 것을 역설했
다.

"學중심의 배움과 가르침이 수세기를 거치면서 체계화된 것
이 커리큘럼입니다. 커리큘럼은 만 3살 아이에게 가장 중요하
고 잘하는 것을 못하게 만들죠. 그게 뭘까요?"

"말하기?"

"좀 더 구체적으로 말씀하실 수 있을까요?" 더 이상 답변이
나오지 않았다.

"계속 말을 하고자 하는 본능을 억제할 뿐만 아니라, 같은 것
을 수천~수만 번씩 해도 싫증을 내지 않는 익힘의 능력을 발휘
하지 못하게 만든다는 점이죠. 오늘부터 여러분은 씨앗이 되는
단어 50개와 문장 20개를 가지고 일주일동안 말해보는 연습을
해보도록 하겠습니다. 단, 그냥 하면 재미가 없으니 단어 50개
와 문장 20개를 다 읽을 때마다 시간을 기록한 후, 떠오르는 단

어나 문장을 입으로 말하고 그 개수를 기록해보는 시간을 갖도록 하세요. 연습한 내용을 저희에게 문자나 카톡으로 보내주시면 됩니다."

"그렇게만 하면 되나요? 뭐 다른 것은 더 없나요?" 모두에게 주어진 단어와 문장이 얼마나 쉬운 것이니 확인하더니 실망감을 감추지 못하고 뭔가를 더 달라고 요구하는 눈치였다.

"여러분, 여러분은 지금 몇 살이라구요?" 그제서야 정신을 차리고 만 3살이라는 사실을 인식했는지 더 배우고자 하는 욕구를 진정시킬 수 있었다.

"잊지 마십시오. 지금 제공한 단어와 문장만 일주일동안 알려드린 방식으로 해보시기 바랍니다. 반드시 기록을 남겨주세요." 반신반의 하는 분, 단순하게 알겠다며 즐거워 하는 분, 열심히 하겠다고 의욕을 드러내는 분들이 삼삼오오 주기적으로 모여서 훈련을 하기로 했다.

약속한 일주일이 지났다. 다시 저자를 만나자, 그 사이 입에 모터를 달았는지 각자의 체험담을 털어놓기 시작했다.

"참 이상했습니다. 이미 다 알고 있는 단어와 문장이라 처음에는 정말 이렇게까지 해야 하나 싶었죠. 근데, 시간을 단축하려고 하니까 생각보다 쉽지 않더군요. 혀가 꼬이기도 하고 말이 잘 나오지도 않고…. 3일정도 하고 나니까 익숙해졌습니다. 신기하고 이상한 현상은 4일차부터죠. 3일까지 잘 떠오르지 않던 단어와 문장이 생각이 나기 시작하더군요. 애써서 생각을 하지 않아도 입에서 먼저 나오는 것이 이상하고 신기했죠. 시간이 단축될수록 떠오르는 단어와 문장이 많아졌어요. 한 번도 생각하지 않고 영어를 말 해본적이 없어서 그런지 정말 신기한 경험이었습니다."

"저도 할 말이 많네요. 왜 만 3살처럼 여기라는 말씀을 하셨는지 정확히 알 수 있는 일주일이었습니다. 만 3살은 생각이 없잖아요. 제가 평소에 생각이 많고 원리를 따지고 이해하려고 하는 경향이 굉장히 강한 편이거든요. 근데, 만 3살짜리 아이처럼 연습을 하라고 하니 처음에는 그 자체가 어렵다는 느낌이 들더군요. 어느 순간 든 생각이 있었습니다. Good morning이라는 단어에 무슨 심오한 문법이 있으며 철학적 의미가 있을까 싶더군요. 그냥 말하면 그걸로 끝인 것을, 거기에 뭔 의미를 부여할 것이며 지식적으로 깊이 연구한다고 굿모닝이 달라지는 것도 아니라는 생각이 스치면서 영어가 굉장히 가볍게 느껴졌습니다. 이때부터 아무 생각없이 말을 하기 시작하는데, 언제부터 제 입에 영어 녹음기를 달았는지 모를 정도로 앵무새처럼 따라 말하는 것이 즐거워졌습니다."

"제 이야기도 들어주세요. 다들 절 기억하실 겁니다. 울렁증이 있다고 말씀드렸던 사람입니다. 그날 저자의 말씀을 듣고 저는 만 3살짜리 아이처럼 눈치 보지 않고 틀려도 상관없이 말을 하겠다고 다짐을 했죠. 마침 알려주신 단어와 문장이 있으니 이걸 가지고 외국인한테 미친척하고 말을 해보리라 결심했죠. 2~3일정도 하니까 생각나는 단어와 문장이 생기기 시작하더군요. 5일째였던 걸로 기억합니다. 막 훈련 기록을 남기고 떠오르는 단어와 문장을 말하려고 하는데, 외국인 강사가 제 앞을 지나가길래 저도 모르게 'hi, nice meet to you'라고 말을 하더라구요. 제가 깜짝 놀라서 입을 막는데, 외국인 강사가 활짝 웃으며 인사를 하더군요. 그 순간 날아갈 것 같았어요. 이 한마디가 저에게 울렁증이 있었나 싶으면서 자신감이 생겼죠. 만 3살짜리 저에겐 울렁증이 없었습니다." 모두들 박수를 치며 서로에게 격려와 칭찬을 아끼지 않았다. 제임스와 폴은 활짝 웃으며 소감을 전하고 싶었다.

"여러분에게 영어 훈련을 했던 지난 1주일은, 이제까지 살아왔던 옛 '나'에서 만 3살짜리 새 '나'로 살아본 최고의 시간과 경험을 하셨다는 생각이 듭니다. 영어가 지식의 노예일 때 경험할 수 없었던 즐거움과 자신감 그리고 입이 '생각'보다 더 빠르게 영어로 말을 하는 경험은 익힘의 과정에서만 맛볼 수 있는 것들이죠. 앞으로 '쩝'을 통한 익힘 훈련이 지속될수록 예전에는 느껴보지 못했던 새로운 모습과 경험들을 하시게 될 겁니다." 제임스 원장의 격려에 이어 폴 코치도 한 마디 거들었다.

"여러분, 만 3살때는 배우는 것 자체가 어려운 나이죠. 그래서 무조건 익히는 시기랍니다. 이해하고 분석할 필요가 없으니 머리 쓸 이유가 없습니다. 대신 식사와 물은 잘 챙기셔야 합니다. 입 운동을 열심히 해야 하니까요. 첫 일주일 훈련이 여러분에게 심어준 긍정과 즐거움 그리고 할 수 있을 거라는 자신감 같은 것을 잘 키워서 발전시킬 수 있기를 바랍니다. 파이팅입니다." 모두에게 일주일은 큰 의미를 갖게 했다. 제임스와 폴에겐 다시 영어해방일지를 시작할 수 있게 되었음을 감사했고, 20여명의 체험자들에겐 마지막이라는 중압감에서 해방을 위한 기대와 자신감이라는 소득을 얻었기 때문이다.

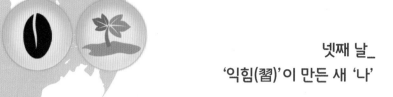

넷째 날_
'익힘(쩝)'이 만든 새 '나'

옛 '나'는 날로 쇠하고 새 '나'는 날로 새롭다는 말은 내적 변화가 갖는
의미를 말한다. 매일이 다를 수 있는 건, 나를 붙잡던 오늘의 나를 내
일이면 내려놓을 수 있는 '내'가 있기 때문이다. _제임스 진, 폴 킴

어제 말한 말이 오늘 말할 때 그 말의 의미는 더 깊고 넓어지
고 자연스러워진다. 제임스와 폴은 이 사실을 1개월 차 영어 훈
련을 하는 이들에게 깨닫게 해주고 싶었다. 이것이 익힘의 능
력을 제대로 체득하는 단계가 되기 때문이다. 두 사람은 한 달
간 훈련한 기록차트를 꼼꼼히 살펴보면서 어떻게 코칭을 해야
할지 고심했다.

1개월 차가 되자, 서로 얼굴만 보면 자신들이 익혔던 단어와
문장들을 상황에 상관없이 입에서 나오는 대로 쏟아내는 습관
이 생겼다. 정말 만 3살짜리 아이들이 모국어를 아무 생각없이
내뱉는 모습과 비슷했다.

"두 분을 만나서 새로운 경험을 하고 있네요. 한 달을 하니까 내
가 영어를 어려워했던 사람이 맞나? 싶은 생각이 들 정도로 쉽다
는 생각이 들더군요. 이제 '영어'하면 '재미'라는 단어가 맴돌아요."

"저는 영어는 외워야 한다는 생각이 온통 자리잡고 있었는데,
만 3살이라고 생각하니까 외울 이유가 없어지면서 속이 시원해

요. 실제 제 손주가 만 4살인데 한국말을 청산유수처럼 잘 하거든요. 요즘 만 3살로 살면서 손주를 자세히 보니 특이사항을 알게 되었죠. '이게 뭐야'라는 말을 계속 하더군요. 근데, 전혀 지루해 하지 않아요." 모두들 이야기 꽃이 피었다. 영어로 이렇게 즐거운 대화를 할 수 있다는 사실이 그저 놀라울 뿐이었다.

"여러분, 한 달 전에 우리가 훈련하면서 사용했던 영어 단어나 문장들이 지금은 어떻게 느껴지나요?" 이 질문에 모두들 생각에 잠겼다.

"편해졌다, 이상할 만큼 편해졌어요. 물론 이미 알고 있는 단어와 문장이지만 쫓기지 않으면서도 내 안에 가득 찬 느낌의 편안함 말이죠." 이제까지 지식으로 쫓기듯이 배워야 했고, 알아도 객관적 사실로만 존재하는 박제된 그 무엇처럼 느껴졌던 영어였으니까. 그 고정관념에서 빠져나온 경험자의 여유로움이 느껴졌다.

"저는 감정과 단어와 문장이 하나가 되면서 자유로움이 느껴졌어요. 딱 이 감정에 이 단어와 문장이 퍼즐처럼 맞춰진 느낌 말이죠. 영어로 마음을 표현할 수 있다는 생각이 남의 것이 아닌 이제 오롯이 내 것이라는 생각이 들었다고 할까요." 모두들 익힘은 삶의 실재와 연관이 깊다는 사실을 느낀 것 같았다.

"저에게 이번 한 달간 훈련으로 '영어가 언어'라는 평범한 사실을 진리로 여길 수 있었습니다. 이제 겨우 50문장 정도를 하면서 이런 말이 좀 과하다고 생각할 수도 있죠. 그러나, 유아교육을 전공한 입장에서 만 3살짜리가 말하는 영어 50문장은 자신과 세상을 충분히 표현할 수 있는 수준이라는 사실을 새삼 느꼈습니다. 어눌하게 말했던 단어와 문장들이 자연스러워지고, 자연스러워지니 감정이 함께 연결이 되고 감정이 연결이 되니, 영어를 처음부터 사용하는 원어민이라는 착각까지 하게 되면서 영어는 나의 모국어라는 생각이 들었죠. 물론 얼른 정신을 차렸지만, 정신을 차리고 싶지 않은 즐거운 착각의 연속이었답니다." 제임스와 폴은 무엇인가를 알려주려고 했다는 것이 부끄럽게 느껴졌다. 모든 인간에겐 무한한 가능성이 있으며, 그 가능성을 스스로 발견하고 해결할 수 있을 뿐만 아니라 함께 해줄 파트너만 있으면 불가능한 것이 없다는 것을…

"한 달에 무슨 일이 벌어졌는지 알면서도 신기하고 감사합니다. 오늘 우리가 'good morning'이라고 말하는 훈련을 했지만, 그 'good morning'이 시간이 지나면 전혀 다른 'good morning'이 되어 있다는 것을 발견했다는 것은 놀라운 변화입니다. 단순히 문장이 입에 짝짝 붙고 자연스러워졌다는 것만 의미하는 것이 아니니까요. 'good morning'에는 서로에 대한 신뢰가 있고, 믿음에 대한 표현이며 생각과 감정을 드러낸 의지의 과정이기도 하거든요. 하지만 이 모든 의미의 시작은 3살부터 아주 단순하게 시작되었고, 해를 거듭하고 세상과 사람을 알아가면서 깊이와 넓이와 높이와 길이가 더해지기 마련입니다. 어릴 때 익혀진 씨앗이 되는 단어와 문장은 그 언어를 할 수 있는 기초가 됨과 동시에 확장과 응용 그리고 조합의 근간이 되기도 합니다. 그러니 지금 여러분이 3살짜리 영어를 하고 있다는 것에 자부심을 가져도 좋습니다." 모두들 서로 포옹하며 환호의 박수를 보냈다. 한 달이 만든 기적이었다.

"이제부터 씨앗이 되는 단어와 문장을 300단어와 100문장으로 늘리도록 하겠습니다. 훈련 요령은 전과 동일합니다. 그저 단어와 문장만 늘어났을 뿐이죠. 만 3살짜리 아이들은 자신의 모국어를 1만번 이상 말을 하면서 익혔다고 합니다. 여기 계신 분들의 자녀들이 한국어를 잘했던 이유가 바로 1만번 이상 말을 하도록 여러분이 귀찮을 정도로 말을 시켰다는 점이죠. 우리 전사분들도 영어를 1만번 이상 말을 하도록 저희가 귀찮게 하고 있는 것과 같습니다."

"하하….호호…..맞네요. 맞아~~"모두들 뭐가 그리도 좋은지 고생을 해야 한다는 사실을 알면서도 즐거워 보였다.

다섯째 날_
새 '나'에게 새겨진 익힘의 능력

익힘 안에서 즐거움을 표출할 수 있는 탁월한 익힘의 능력을 가지고 있으면서 설명할 수 없는 암묵적 지식을 소유한 사람을 우리는 '아이'라고 부른다. _제임스 진, 폴 킴

익힘의 기적을 경험한 20명의 해방 전사들은 2개월차가 되면서 최대 고비를 맞게 된다. 바로 익숙함이라는 존재다. 익숙함은 새 '나'를 꿈꾸는 모든 이들에게 원수이며 최대의 대적자다. 오늘 새로움이 내일 새로움으로 다가오는 것이 아니라 익숙함으로 밀려오기 때문이다. 만 3살짜리가 아닌데 만 3살짜리처럼 익힘의 능력을 발휘하려고 하니 일어나는 부작용인 셈이다. 모두가 가장 위태로운 시기를 낙오자 없이 함께 넘겨야 한다는 공동체 의식이 싹트기 시작했다.

모두에게 내려진 특단의 조치는 '코치에게 말하기'였다. 옛 '나'와 새 '나'의 싸움이며 내전의 성격을 띄고 있기 때문에 누군가 새 '나'의 어깨를 토닥이며 격려해 줄 필요가 있었다. 새 '나'에게 응원의 메시지와 옛 '나'를 이겨낸 승전보를 함께 나눌 파트너에게 자신의 모든 것을 말할 수 있도록 했다. 매일 코치와 통화를 하며 자신의 해방일지를 공유하는 시간을 갖기로 한 것이다.

"오늘은 정말 하고 싶지 않더군요. 회사일과 가족 행사로 숨

쉴 겨를이 없었거든요. 근데, 코치에게 말하기 시각이 다가오니 묘한 힘이 생기더군요. 예전에도 '바쁜 일상'이라는 위장술에 속아서 익숙함 때문에 지친 저를 무너뜨린 적이 있었죠. '코치에게 말하기'가 이 위기를 넘기게 하네요. 감사합니다."

"여러 번 훈련을 했는데, 훈련기록이 개선되지 않고 떠오르는 단어와 문장도 향상되지 않아서 코치에게 말하기가 두렵더군요. 그 순간 전화가 와서 고민이 되었죠. '도망치지 말자'라는 말이 스치면서 전화를 받고 사실대로 말을 했습니다. 그때 코치의 말 한마디가 지금도 위안과 용기가 됩니다. '우리에겐 포기할 이유가 많지만 포기할 이유에 익숙해지면 안됩니다'라는 말에 정신이 번쩍 들었죠. 이제까지 포기할 이유와 명분이 분명했지만, 그 이유와 명분이 어느새 익숙해졌다는 생각을 하면서 돌이킬 수 있었습니다."

"아무리 늦게 귀가하는 날도 씻기는 포기할 망정 영어 훈련만큼은 거르지 않았습니다. 훈련을 거르지 않았으니 당연히 말하는 실력이 늘었죠. 근데, 항상 걸리는 부분이 있었습니다. 그런 경험 있잖아요. 항상 생각이 나지 않는 단어와 문장은 계속 생각이 나지 않거나 눈으로 보면 다 기억이 나는데 생각하려고 하면 전혀 기억이 나지 않은 현상 말이죠. 이런 고민을 코치에게 말하자 아주 쉽게 해결이 되더군요. '뇌에게 말을 해보세요. 이건 아주 중요한 것이니 훈련할 때 각별히 신경 쓰자. 알았지?'라는 식으로 해보라고 하더군요. 만 3살이니까 시키는 대로 했죠. 뇌에게 대화하듯이 미리 알려주고 훈련을 했더니 신기하게 기억했다가 그 단어와 문장을 떠오르게 만들어 준 경험이 있었습니다. 즉문즉답 같은 느낌이었죠."

"저도 익숙함을 넘기는 일이 있었습니다. 길거리를 가다가 나도 모르게 튀어나오는 영어 때문에 신기한 경험을 하고 있었죠. 그런데, 어느 순간부터 쳇바퀴를 도는 느낌이 들더니 정말 이런 식으로 영어에서 해방될 수 있을까 라는 의문이 들면서 사기가 뚝 떨어지더군요. 그때 코치와 말하기를 하면서 알게 된 사실이 저를 익숙함에서 빠져나올 수 있도록 해주었답니다. '우리는 절대로 익숙함을 이길 힘이 없습니다. 다만 그 익숙함을 잊도록 하거나 벗어나게 할 아주 작은 그 무엇을 발견해야 합니다. 그것이 익숙함이라는 함정에서 변화와 도전 그리고 지속이라는 힘을 만들어 주니까요. 훈련 기록의 작은 변화, 그리고 훈련 과정에서의 도전 그리고 이런 변화와 도전을 살피는 마음의 움직임을 통해 지속하는 힘을 발견해야 합니다.'라는 한 마디가 저에게 엄청난 힘이 되었습니다."

각자 '코치와 말하기'를 통해 만 3살짜리가 습관처럼 말하기를 하듯이 해방 전사들에게 습관처럼 영어로 말할 수 있도록 동기부여를 제공했다. 이러한 내적동기는 새 '나'에게 새로운 습관을 이식하고 그 습관으로 자연스럽게 평생 사용할 수 있는 익힘의 능력을 갖게 해준다. 아무나 가질 수 없지만 한 번 형성된 익힘의 능력은 뇌와 몸이 동시에 기억하고 반응하기 때문에 절대로 없어지지 않는다. 50대부터 70대 장.노년층이 영어라는 언어를 통해 익힘의 능력을 갖게 될 줄은 꿈에도 생각조차 못했다.

영어 훈련과 코칭을 받으면서 부정적 고정관념은 점점 빠져나가고 익힘(謵)의 능력이 채워진다

여섯째 날_
해방이 만든 나비효과

해방은 죽음에서 벗어나 생명안에서 누리는 것이다. 자신의 생각·감
정·의지에 짓눌러 죽을 것 같은 자신의 존재에서 벗어나 새로운 자신
과 마주할 때 느껴지는 감동의 순간이다. _제임스 진, 폴 킴

3개월차.

모든 인간의 습관을 바꾸려면 시간이 필요하다. 뇌가 현 상태
를 유지하고 싶은 관성의 법칙이 있는 이유는, 생각이 의심과
고정관념을 담당하는 대뇌피질에서 두려움과 불안을 담당하는
대뇌변연계를 거쳐 습관을 관장하는 뇌간까지 가는데 시간이
걸리기 때문이다. 사람의 뇌가 충분히 반복되지 않아서 시냅스
가 형성되지 않아 저항을 일으키는 것은, 아직 그 행동을 입력
해 놓을 기억세포가 만들어지지 않았기 때문이다. 생각이 대뇌
피질을 거쳐 습관을 형성하기 위해 뇌간까지 가는데 걸리는 시
간과 인체의 조직 세포가 교체되는 회전주기가 함께 만나는 시
점이 대략 80~90일이다. 습관이 세포에까지 깊이 새겨질 수
있는 기간인 셈이다. 이것을 '기적의 기간'이라고 부르기도 한
다.

고령인 해방전사들 중에는 3개월이 주는 '기적의 기간'를 기
적처럼 경험한 이들이 나오기 시작했다. 습관이 익힘의 능력으

로 전환되는 경험을 체험해보지 못한 사람들은 이런 기쁨에 참여할 수 없다.

"저는 영어코칭을 받으면서 새로운 사실을 알게 되었습니다. 언제부턴가 같은 시각에 같은 행동을 습관처럼 하고 있는데, 새로운 것이 나오는 것을 느꼈죠. 겨우 300단어와 100문장을 늘 똑같이 했을 뿐인데, 학창시절에 알았던 단어와 문장이 한 번도 훈련하지 않았는데 불쑥 튀어나오자 당황스럽기도 하고 신기하기도 했죠. 300단어를 활용해서 100문장에 없던 문장을 새롭게 표현하기도 하더군요. 갑자기 외국어 천재가 된 느낌 같았죠. 만 3살짜리가 갑자기 언어가 폭발하는 것처럼 영어 말하기가 순식간에 향상된 거랄까?" 여전히 흥분을 감추지 못한 채 자신의 경험을 쏟아내고 있었다.

"저도 묘한 경험을 했습니다. 외우지 않아도 이렇게 영어가 쉽게 된다는 것을 알고 나자, 인생의 모든 것이 간단하고 쉽다는 생각이 들기 시작했답니다. 예전에는 자전거 타는 게 굉장히 어렵게 느껴졌는데, 그냥 하면 된다는 생각이 들면서 몇 시간만에 자전거를 탈 수 있었죠. 남들에겐 아무것도 아닌 것 같지만 엄청난 경험이었죠. 영어 하나가 삶의 궤적을 변화시킨다는 게 맞는 말인지는 모르지만 전혀 다른 저를 경험하고 있답니다."

"저는 제 삶을 3개월 전과 후로 나누고 싶을 정도랍니다. 모든 것이 영어를 중심으로 삶의 패턴이 재구성 되었죠. 영어 훈련을 하기 위해 오전에 출근하면 직원들에게 업무 분장을 한 후, 조용히 골방에 들어가서 큰소리 리듬읽기로 한 바탕 영어로 소리를 지르고 나면 개운한 느낌이 듭니다. 그리고 혼자서 누군가와 대화를 하듯이 영어로 동문서답을 하고 있답니다. 직원들이 가끔 문을 열고 들어와 누구랑 영어로 대화를 하냐며 깜짝 놀라기도 하죠. 점심을 먹고 멍 하니 앉아 있다가 저도 모르게 영어로 혼잣말을 하면 병원을 가서 치료를 받아 보는게 좋겠다고 우스개 소리를 하기도 합니다. 뭐가 되었든 간에 직원들은 제가 영어에 미친 것으로 알고 있다는 겁니다. '영어에 미쳤다'는 말이 얼마나 듣기가 좋던지 웃음이 나오더군요. 영어는 제 삶의 활력소가 되어버렸답니다. 제 인생에서 상상도 못할 일이죠. 죽기보다 싫었던 영어가 어떻게 제 인생을 송두리째 변화시킬 수 가 있는지…. 제가 조금만 더 일찍 이 경험을 했더라면 나라를 구했을지도 모릅니다." 각 지역의 교육기관장을 하고 있는 해방 전사들의 소중한 고백이 이어지자 모두들 기쁨과 즐거움으로 흥분의 도가니가 되었다. 제임스와 폴은 '다시 시작하는 영어 해방일지'가 이런 감동의 스토리로 다가올 지는 예상하지 못했다.

"여러분은 영어를 통해 언어가 가지고 있는 본질과 본성을 경험하시고 있을 뿐만 아니라 삶의 변화까지도 이어지고 있군요. 언어는 세상과 세상을 사람과 사람을 연결하는 독특하면서도 총체적인 생각과 감정의 신호체계를 가지고 있죠. 그래서,

언어 자체만으로도 사람과 세상을 움직이는 힘이 있다고 합니다. 자신과 하나이면서 자신을 대표하고 표현하는 언어는 말하는 대로, 쓰는 대로 이뤄지게 만드는 생명력 있는 수단입니다. 영어 한 마디가 입에서 툭 하고 나왔을 뿐인데 불가능했던 모든 것이 가능하게 되는 나비효과가 일어난다는 것을 스스로 경험하셨다는 것이 가장 큰 수확이네요."

해방 전사들에겐 300단어와 100문장이라는 씨앗이 되는 단어와 문장이 영어라는 언어를 할 수 있도록 했을 뿐만 아니라 삶 속에서도 긍정의 씨앗으로 자라 모든 불가능을 가능케 만들어가고 있었다. 물론, 여전히 옛 '나'에 갇혀 새로운 '나'를 발견하지 못하고 어려움을 겪는 분도 있었다. 모두가 알고 할 수 있는 방법이고 과정이지만 아무나 그 길을 가지 못하게 막는 힘 또한 존재하고 있음을 반증하기도 했다.

사람은 모든 사물과 현상에 그의 합당한 이름을 붙여주고 하나의 개념
을 다양한 언어로 표현할 수 있다. 인간에게 이러한 언어의 능력을 준
창조주께 감사해야 한다. _제임스 진 , 폴 킴

"똑! 똑!"

숲속 오솔길을 따라 맨발로 풀밭을 거닐고 있는 아이들을 보
며 생각에 잠겨 있던 최 이사장과 박 원장 그리고 윤 원장은 노
크소리에 문 쪽을 바라봤다. 제임스 원장과 폴 코치는 중요한
논의가 있다며 이들의 초대를 받게 된 상황이었다.

"3개월간 영어코칭을 하시느라 수고가 많으셨습니다."

"아닙니다. 오히려 저희가 더 감사하고 즐거운 시간이었습니
다."

"이번 코칭을 받으면서 저희가 분명하게 알게 된 게 있습니
다. 수 십년간 수많은 영어 컨텐츠를 활용해서 아이들이 영어
를 잘 했으면 좋겠다는 바람을 가지고 노력해봤지만, 커리큘럼
안에서 배우기만 했던 구조를 벗어나지 않으면 안된다는 것을
확실히 알게 되었습니다. 이 사실을 알게 된 이상 저희도 교육
자 입장에서 더 이상 아이들과 부모들을 속이면서 외국어 교육

을 할 수 없다는 생각입니다. 두 분께 이런 코칭 방식을 교육기관에 접목할 수 있는지 의논을 하고 싶더군요." 제임스와 폴은 생각지도 못했던 제안을 받았지만, 늘 생각하며 기회가 오기만을 기다렸던 부분이기도 했다.

"우선, 정말 감사드립니다. 이런 제안을 해주시고 대한민국의 외국어 교육생태환경을 바꿔야 한다는 인식을, 아니 원래대로 회복해야 한다는 인식을 가지고 계시다니 정말 기쁘고 반갑네요. 17년을 외국어 교육을 연구하면서 외국의 많은 사례들을 살펴보면서 놀란 적이 많습니다. 특히 유대인은 히브리어, 이디쉬어, 영어를 왜 8세 이전에 할 수 있도록 교육하는지 알아가면서 신선했습니다. 더불어 더 놀라웠던 것은 외국어 전문가도 아닌 엄마가 자녀에게 3개국어를 할 수 있도록 한다는 사실은 우리나라의 현 교육환경과 너무 대조를 이루는 대목이라 자세히 살펴보게 되더군요. 과거의 우리나라의 외국어 교육은 과연 어떤 상황이었을까 싶은 생각에 실오라기 같은 희망으로 조사를 하게 되었죠. 우리나라의 외국어와 다국어 교육역사를 되짚어 보면서 가능성을 발견하게 되었다는 사실입니다." 제임스와 폴은 물 만난 고기 마냥 다국어 교육의 사례와 역사를 풀어내기 시작했다. 얼마나 하고 싶었던 말인가! 늘 대한민국이 다국어 능력을 갖춘 글로벌 인재가 되기를 바랬던 터라 자리와 기회만 생기면 누구든지 붙잡고 말하고 싶었다.

"조선시대에는 영어를 통해 선진 문물을 받아들이고 외교력을 강화하기 위해 육영공원을 설립하여 국가에서 외국어를 장려하기도 했습니다. 뿐만 아니라 영어.중국어.일본을 동시에 익힐 수 있도록 지석영 선생님이 정약용 선생님의 [아학편]을 외국어 교재로 편저. 보급시켜서 다국어 교육을 대중화 하려는 노력이 있었다고 합니다. 지금의 우리 현실과는 상당한 괴리가 있지만, 우리 조상들은 유대인처럼 다국어를 굉장히 잘했다는 사실에 경이롭기도 하면서 일본으로 인해 잃어버린 우리의 경쟁력이 못내 아쉽기도 했습니다."

"정말 우리 조상들이 그렇게 영어와 다국어를 잘 했다는 사실이 새롭네요. 교육에 열정과 관심을 갖고 살아온 저도 몰랐던 내용이라 부끄럽기도 하구요." 세 분이 하나같이 신기하면서도 조상들의 능력을 다시 회복해야 한다는 생각이 들기 시작했다.

"이러한 국.내외적 다국어 교육의 역사적 사례와 근거를 토대로 더욱 관심을 갖게 된 것은 모국어 습득 과정이었죠. 왜 모든 인간은 각 나라의 언어를 너무나 잘하는데, 다른 나라의 언어를 익히는데 엄청난 대가를 치러야 하는지 파헤치고 싶더군요. 우리 조상들의 다국어 동시 말하기 방식을 계승하고 모국어를 할 수 있었던 언어습득의 비밀을 외국어 뿐만 아니라 현시대에 맞게 다국어를 동시에 할 수 있는 방법으로 구현할 수 있도록 발전시켜야 한다는 사명감이 생겼죠. 그렇게 연구.개발해온 시간이 17년이라는 세월을 돌아오게 되었습니다. 우여곡절이 많고 힘겨운 싸움이었지만 결국에는 다국어 동시학습 시스템과 그 시스템을 운영할 '코칭법'과 '코칭큘럼'을 개발하게 되었답니다. 이런 내용을 여기에서 말하게 될지는 꿈에도 생각하지 못했지만요." 제임스와 폴은 묘한 기분이 들었다. 간절히 구하고 두드리면 이뤄진다는 것을 인생을 살면서 경험할 수 있다는 것이 찐 인생 아닐까~

"잘 되었다는 생각이 듭니다. 영어보다는 기왕이면 조상들이 했던 다국어 동시 말하기를 회복하는 것이 더 역사적 가치와 명분이 있네요. 근데, 왜 하필이면 영어, 중국어, 스페인어를 동시에 할 생각을 하셨는지 궁금하기는 하네요."

"우리 조상들은 주변 강국을 이해하고 우리의 처지를 해외에 알리기 위한 노력으로 중국어와 일본어 그리고 영어를 선택했죠. 저희는 4차산업혁명 인재상에 걸맞는 창의성과 문제해결능력을 향상시킬 수 있고 개인과 국가의 경쟁력을 높이며 언어사용의 효율성을 높이기 위해 영어. 중국어, 스페인어를 선택하게 되었죠. 모국어로 사용하는 인구수를 살펴보면 중국어가 15억명 이상, 스페인어가 5억명 이상, 영어가 3억명 이상입니다. 중요한 것은 영국과 스페인이 전세계를 식민지로 통치하면서 영어와 스페인어는 유럽과 중남미의 근간 언어가 됐죠. 결국, 이 3개국어가 80% 이상의 전 세계 인구와 소통이 가능한 언어라는 점이 선택의 배경이 되었습니다."

"아~~ 그렇군요. 스페인어를 상당히 많이 사용하네요. 새로운 사실이네요. 애들이 정말 세계적인 아이가 될 수 있겠다는 생각이 확 드네요."

제임스와 폴 그리고 세 명의 마음은 설레기 시작했다. 자신들의 고정관념이 깨졌듯이 아이들에게 세상과 사람에 대한 어떠한 지식과 정보도 없는 하얀 종이위에 다국어라는 언어를 가지고 세상과 사람의 다양성과 사고를 경험할 수 있도록 기회를 준다는 것, 이 자체가 한국의 외국어 교육사에 한 획을 긋는 역사의 시작이었다.

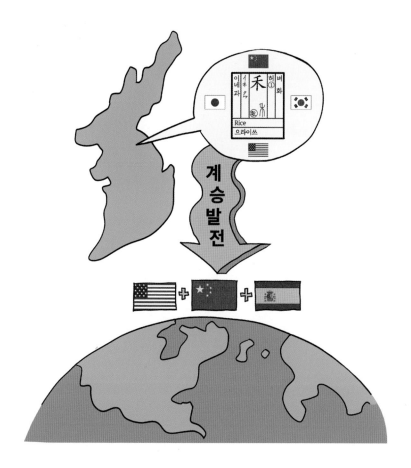

02
좋은 땅에 숨겨진
다국어의 비밀, 익힘의 능력

좋은 땅에 떨어졌다는 것은 삼십 배, 육십 배, 백 배의 결실을 맺을 수 있다는 것이다. 언어의 좋은 땅은 하나의 개념을 다양한 언어로 표현할 수 있으며 다양한 언어를 하나의 개념안에서 넓고 깊게 사고할 수 있다는 것이다.

가시덤불 위_ 염려와 불안감은 익힘의 능력을 상실하게 만든다

흙이 얕게 덮인 바위 위_ 시대적 고정관념으로 익힘의 능력이 제한되다

온갖 지식으로 굳어진 길가_ 지식으로 만들어진 커리큘럼, 생명을 잃다

좋은 땅 1_ 조상들과 4차산업혁명, 우리의 다국어 DNA를 깨우다

좋은 땅 2_ 익힘의 능력이 탁월한 천재들을 발견하다 1

좋은 땅 3_ 익힘의 능력이 탁월한 천재들을 발견하다 2

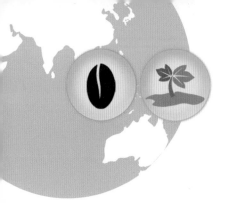

가시덤불 위_
염려와 불안감은
익힘의 능력을 상실하게 만든다

생각이 대뇌피질을 거쳐 대뇌변연계를 통과하면 감정이 되고 감정이
뇌간을 거치는 동안 의지라는 기억세포로 전환된다. 이 기억세포는 생
각을 반영한 습관으로 저장된다. 모든 것의 습관은 결국 생각이 결정
한다. _제임스 진, 폴 킴

새로운 역사는 아주 우연히 다가온다. '學'으로 형성된 커리
큘럼과 고정관념이 만든 패러다임 속에서 '習'의 반격이 시작된
셈이다. 슬로우 시대에 '學習'은 늘 함께 해온 동반자였지만 지
식과 정보가 넘쳐나고 시대 변화속도가 빨라지자 '學'과 '習'의
이론과 실재의 격차가 벌어지면서 '學'의 몰락은 예견된 수순이
었는지도 모른다.

"세 분은 다국어를 동시에 말하는 것이 가능할 것 같나요? 전
혀 불안하거나 염려가 없으신가요?" 제임스 원장이 익살스럽게
물었다.

"영어 하는 방식으로 하면 가능하다고 생각은 하는데, 영어
만 하는 게 아니라 다국어를 한다고 하니 좀 불안하기는 하네
요." 세 분의 솔직한 심정이었다.

"그렇죠. 초등 3학년때부터 일어나는 현상입니다. 우리의

이해와 경험이 오히려 독이 되는 때가 있습니다. 뇌의 발달이 90%이상 이뤄진 시점에서 대부분 사람들은 자신의 이해를 기반으로 모든 사물과 현상들을 분석하고 해석하게 됩니다. 모국어를 제외한 외국어를 받아들이는 방식이 한 번에 하나의 언어만 익혔던 과거의 경험 때문에 과연 다국어가 동시에 가능할까? 라는 의문을 재기하게 됩니다. 방금 세 분이 '가능할까?' 라는 의문이 드신 것과 같은 현상인 셈이죠."

"맞네요. 솔직히 영어 하나도 어려웠고, 지금도 '어렵다'라는 고정관념이 깨지기까지 힘들었는데, '다국어는 도대체 얼마나 어려울까?' 라는 생각도 잠시 들기도 했어요." 윤 원장은 순간 자신의 마음에서 불안감과 두려움이 몰려왔다는 사실을 솔직히 털어놓았다.

"이해합니다. 아주 당연한 현상이니까요. 우리의 뇌는 3부분으로 나눌 수 있습니다. '이성의 뇌'라고 불리는 대뇌피질이 있는데요. 우리가 흔히 말하는 전두엽, 두정엽, 측두엽, 후두엽을 대뇌피질이라고 합니다. 중요한 것은 '이성의 뇌'라는 의미처럼 자신이 경험하고 이해한 모든 지식을 기반으로 새로운 정보와 지식을 판단하는 곳이죠. 기존의 지식과 경험이 새로운 지식과 정보와 충돌할 때 의문과 고정관념을 형성하는 곳이 바로 대뇌피질입니다." 폴 코치의 설명에 고개를 끄덕이면서 다음 설명을 기다리고 있었다.

"이런 의문과 고정관념은 뇌신경망을 통해 '감정의 뇌'라고 부르는 대뇌변연계를 거치면서 불안과 두려움을 느끼게 하죠. '안 될 것 같은데….', '정말 가능할까?', '누군가 성공한 사람이 있을까?'등과 같은 의문이 불가능이라는 결론을 내리면서 극도의 불안과 두려움을 느끼게 한다는 뜻입니다. '다국어가 동시에 가능할까?'라는 부정적 의문이 '안 될 것 같다'는 불안과 두려움의 감정을 느끼게 한다는 거죠. 이렇게 되면 뇌 전체에 혈류가 원활하게 흐르지 않고 대뇌변연계 중심으로 혈류가 몰리면서 경직된 상태가 지속되게 합니다." 제임스와 폴의 설명은 상당히 설득력이 있었다.

"이렇게 경직된 상태로 새로운 시도와 습관을 만들기란 불가능하게 됩니다. 결국 '습관의 뇌'라고 불리는 뇌간에서 이러한 불안감과 두려움을 기억세포로 저장하기 때문에 새로운 습관을 형성하기가 어려워지죠. 문제는 새로운 습관을 만들지 못하는 것에서 끝나는 것이 아니라 결국 익힘의 능력까지 형성할 수 있는 기회를 놓치게 된다는 것이 가장 중요하죠. 이게 바로 초등 3학년부터 외국어를 시작하면 거의 99% 이상이 실패하는 원인이기도 합니다."

"우리가 이제까지 대부분이 영어를 정복하지 못한 이유가 이런 이유인가요?"

"맞습니다. 습관을 형성하지 못한다는 것은 생각이 습관을 형성하기까지의 과정에서 감정과 의지가 생각과 일치하지 못하기 때문입니다."

"제가 그 동안 영어가 어렵다고 경험했던 것들이 다른 방식으로 영어를 하더라도 결국 영어는 어렵다는 고정관념이 새로운 습관을 만들지 못하게 한다는 의미로 이해가 되는군요." 박원장은 자신이 이해한 게 맞는지 확인하듯이 스스로 설명을 했다.

"그렇죠. 이렇게 형성된 것은 그 사람이 외국어를 대하는 마음 상태로 자리매김하게 됩니다. 다시 말해, 불안과 두려움은 가시덤불 위에 떨어진 씨앗처럼 겉으로는 열매를 맺는 것처럼 보이지만 내실은 하나도 없는 상태를 말합니다. 이런 분들은 절대로 외국어, 특히 다국어를 동시에 한다는 것을 받아들이지 못한 채로 시간만 보내게 된다는 뜻이죠." 대부분의 사람은 자신의 경험이 판단의 기준이 된다. 어떤 경험을 가지고 있느냐가 중요하지만, 모든 것을 직접경험을 통해 판단할 수 없기에 경험하지 않은 것에 대한 긍정적 호기심이 형성될 필요가 있다. 세상과 사람을 이해하는 과정에서 우리 모두가 겪고 있는 현실이 호락호락하지 않지만, 긍정적 호기심은 전 뇌가 활성화될 수 있고 메타인지 향상으로 인해 발전 가능성이 높은 사람이 될 수 있도록 돕는 강력한 힘이 된다.

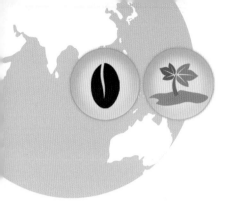

흙이 얕게 덮인 바위 위_
시대적 고정관념으로
익힘의 능력이 제한되다

개인의 사고가 집단적 사고로 확대될 때, 시대적 패러다임이 형성된다. 패러다임은 집단적 사고체계를 유지하기도 하지만, 새로운 사고과정을 이끄는 도전자를 양성하는 인큐베이터이기도 하다.

_제임스 진, 폴 킴

　1900년대 조선을 다국어 전성시대로 만들었던 우리 조상들의 DNA를 회복하는 것은 유아 교육업계에서는 신선한 자극이며, 이제까지 영어 커리큘럼이라는 틀에 갇혀서 언어의 창의성을 발휘하지 못했던 과거를 되풀이하지 않기 위한 다짐이기도 했다. 전국의 수많은 교육기관장과의 [다국어 동시 말하기 프로젝트]설명회 일정이 잡히기 시작하면서 코로나19로 조용했던 교육 시장에 이단아가 등장하자, 세간의 관심을 받기 시작했다. 물론 좋은 분위기만 있었던 것만은 아니다.

　제임스와 폴은 전국을 누비며 설명회를 하면서 유독 다국어 동시 말하기 프로젝트에 부정적인 지역이 있었다. 서울 지역은 대한민국의 교육의 상징이자, 기득권층의 왕국이기도 했다. 제임스와 폴은 서울 지역 설명회를 잊을 수가 없었다. 강남 OOO 교육기관에서 삼삼오오 모여든 교육관계자들은 첫 만남부터 예사롭지 않았다. 삼각형 모양의 금빛 안경 너머로 비춰진 날카로운 눈빛은 마치 검사가 죄인을 바라보는 것처럼 차가웠다. 눈빛이 스치는 곳마다 공기는 마치 얼음이 된 것 같았다. 한 여름 대낮에 이런 싸늘한 기운은 평생 처음이었다.

"유아교육을 아시기는 하나요? 알다시피 여기 모인 원장들은 대학원까지 유아교육학을 전공한 교수들인데, 아무리 장사를 하고 싶다고 교육적 원리에도 맞지 않는 다국어 동시 말하기를 설명하는군요. 아이가 아이가 어릴 때 다중언어를 하면 뇌에 혼란을 일으켜서 모국어 마저도 제대로 구사하기 어렵다는 사실을 모르시나요?" 역시 상대방을 쏘아붙이는 말소리도 날카롭기는 마찬가지였다.

"우리가 알고 있는 사실관계가 얼마나 무엇에 근거하고 있는지가 중요한 시대에 살고 있다고 생각합니다. 과학의 발전은 보이는 것만 믿었던 시대에서 보이지 않는 힘의 작용과 과학적 원리가 증명되면서 보이지 않은 것을 믿을 수 있는 근거를 만들어주었죠. 뇌에 대한 인간의 호기심과 연구의 역사는 너무나도 깊습니다. 인간을 알고 싶어하는 인간의 욕구이기도 하죠. 세계 2차 대전이 끝나면서 과학은 급속도로 발전하게 되었고, 과학이 뇌에 대한 호기심을 풀어줄 거라는 기대감이 높아졌습니다. 실제 뇌 과학자와 심리학자 그리고 언어학자들이 다양한 변수에 따라 의학적.심리적.언어적 현상이 뇌안에서 어떻게 나타나는지 알아보기 위해 수많은 실험과 논문이 나오기 시작했죠." 지금까지는 아무런 반응이 없었다. 솔직히 별 기대를 하지 않고 고압적인 자세를 유지하고 있는 원장도 있었다.

"요크 대학의 캐나다 심리학자인 엘렌 비엘스톡, 워싱턴 대학의 언어학자인 페트리샤 쿨, 인지와 뇌과학 관련 맥스 플랑크 연구소, 신경외과 전문의이자 신경과학자인 라훌 잔디얼 박사, 시카고대 심리학자 보아즈 케이사르, 조이 리버먼, 사만다 팬과 발달심리학 연구진들이 공동으로 다중언어 사용자들의 특징과 장점을 연구하고 중요한 실험결과를 논문으로 발표하면서 전 세계의 국가들은 다국어의 대중화를 만들어가고자 노력하고 있습니다." 제임스와 폴은 서로 교대로 설명하면서 분명하게 전하고 싶었다. 이미 화석처럼 굳어져서 사용할 수 없는 지식을 붙잡고 있고, 그것이 전부인 것처럼 여김으로써 얼마나 집단적이면서 폐쇄적인 고정관념을 만들어내고 있는지 알아야 한다는 생각에 다시는 못 만날 것을 각오하고 작심발언을 이어갔다.

"특히 모든 언어를 다중언어로 말하면, 창의적인 사고와 문제해결 능력이 향상될 뿐만 아니라 주의력과 집중력 그리고 사회성까지 높아진다는 논문이 발표되면서 유대인의 다국어 학습이 주목을 받기도 했습니다. 당연히 알고 계시겠지만, 유럽은 이미 다국어가 생활화되었고, 아프리카 뿐만 아니라 홍콩과 싱가폴인 아시아 국가들도 다국어를 교육과정에서 다루기 시작했습니다. 그런데, 유독 우리나라와 일본은 다국어 교육에 대한 인식이 현저히 낮습니다. 다문화 가정에 대한 부정적 인식이 다국어가 국가의 경쟁력이 될 수 있다는 새로운 시각이 형성되는 것을 지나치게 막아왔는지도 모릅니다. 여기 계신 분들은 혹시 예전에 배웠던 다국어와 뇌 발달에 대한 지식과 정보가 여러분들의 미래 교육사업을 방해한다고 생각하지는 않나요?" 제임스 원장은 폭풍 말하기가 끝나기가 무섭게 폴 코치도 거들었다.

"오늘 저희가 여러분께 말씀드리고 싶은 것은 과거의 지식이 현재를 살게 하는 시대는 지났다는 겁니다. 그럼에도 불구하고, 교육의 메카라고 하는 서울, 강남에서 여전히 '學'중심의 선행학습 시스템이 마치 진리인양 맹신하고 있죠. 후세들은 여러분을 선천적으로 '習(익힘)'의 능력이 탁월한 천재인 아이들을 바보로 만드는 주역으로 기억할 겁니다. 많은 나라들이 여기 계신 분들보다 전문적이지 못해서 다국어를 권장하고 전격적으로 필수교육 과정에 반영했을까요? 교육계처럼 폐쇄적인 곳이 또 있을까 싶을 정도로 답답한 심정입니다. 여러분이 다국어 동시 말하기에 관심을 갖고 안 갖고는 중요하지 않습니다. 교육자임과 동시에 교육사업을 하는 차원에서 명분과 실리가 분명하셨으면 하는 바람입니다. 대한민국의 다국어 대중화라는 명분과 그로 인해 다국어전문교육기관이라는 명예도 함께 얻으시면 학습자를 통한 입소문 마케팅은 자연스럽게 형성된다고 생각합니다. 제발 하지 마십쇼. 하지만 1~2년 후에는 주변에서 다국어 동시 말하기를 하고 있는 많은 교육기관을 보시게 될 겁니다. 그때 하시기 바랍니다. 기회가 있을지는 모르지만……." 맹폭을 하듯 폴 코치는 마음 속의 이야기를 가감없이 쏟아냈다.

서울 지역 설명회는 그야 말로 아수라장이 되고 말았다. 나중에 들려온 소문에는, 서울지역 교육기관 관계자들끼리 자성의 목소리도 있었지만, 결국은 기득권층의 기세에 어떤 변화도 시도하지 않았다고 한다. 서울 지역의 어느 부모도 자녀가 기존의 교육 시스템이 만든 고정관념 때문에 익힘의 능력이 사라지고 있는지 모르고 있다.

온갖 지식으로 굳어진 길가_
지식으로 만들어진 커리큘럼, 생명을 잃다

길은 수많은 사람들의 걸음거리로 만들어진다. 이런 길은 자신만의 삶
의 숨결을 느낄 수 없고, 다른 사람의 신호등에 따라 움직여야 한다.
생명이 자라고 성숙하고 싶은 사람은 지식에 속지 말자.

_제임스 진, 폴 킴

"우리 교육계가 지식의 늪에서 헤어나오지 못한다는 사실을
실감하네요." 제임스 원장과 폴 코치는 서울 지역 설명회를 곱
씹으며 이야기를 나눴다.

"중요한 것은 어른들이 '學'이라는 교육시스템을 경험하면서
형성된 개인과 집단의 고정관념이 유아교육까지 침범했다는 사
실이네. 어른들의 지식과 경험으로 수 세기동안 형성된 지식체
계의 결정판인 커리큘럼으로 유아들의 사고체계까지 뒤흔들며
외국어 교육의 본질을 무너뜨리고 있다는 것이 개탄스러운 일
이지." 제임스 원장은 성인들을 코칭하면서 느꼈던 답답함이
유아 교육을 담당하고 있는 교육 관계자들에게도 있다는 사실
에 가슴이 아팠다.

"유아들을 놓고 묘한 삼각 시스템이 작동하고 있다는 생각이
듭니다. 커리큘럼을 통해 교육을 받아온 기성세대는 그 틀 안
에서 유아들에게 좋은 교육을 제공하고 싶어하는 학부모가 되

었죠. 또한 같은 커리큘럼으로 교육을 받았기에 학부모들의 요구와 욕구를 충분히 만족시키면서 교육사업을 하는 교육 주최기관이 있습니다. 마지막으로 이런 교육 주최기관이 운영할 프로그램을 제공하는 교육 컨텐츠 공급업체가 있습니다. 이렇게 세 부류는 시대와 트랜드에 따라 더 좋은 커리큘럼으로 교육을 제공한다고 생각하며 유아들의 교육을 이끌어왔다는 거죠. 그렇지만, 정작 유아들은 교육의 효과와 즐거움을 느끼지 못하고 있다는 사실입니다." 폴 코치도 한 마디 거들었다.

"맞네. 만약에 언어습득의 절정기인 0세~7세 사이의 우리 자신들의 모습을 기억하고 촬영해 두었다면 외국어 습득의 비밀을 충분히 알았을지도 모르지. 세상 모든 엄마는 자녀가 모국어를 할 수 있도록 국문과나 국어학과를 졸업하지 않았는데 말이지."

"그렇죠. 제 어머니는 시골 출신이라 사투리도 심했고 초등학교만 졸업하셨기 때문에 국문과는 문턱에도 가신 적이 없습니다. 그렇지만, 저는 어릴 때 한국말을 아주 잘했습니다." 폴 코치는 익살스럽게 자신의 어머니를 언급하며 제임스 원장의 말에 맞장구를 쳤다.

"사람들은 모국어라서 늘 듣고 말하는 시간이 충분했기 때문에 모국어를 잘한다고 생각하지만, 진짜 이유는 엄마의 코칭 덕분이라는 사실을 간과하지. 엄마는 자녀가 벙어리가 되지 않도록 하기 위해 자녀가 영.유아시기에 알아듣던 말던 상관없이 필사적으로 말을 시켰다는 점이 매우 중요하지 않나."

"옳소. 엄마는 자녀의 생존을 위해서라도 모국어를 할 수 있도록 해야 할 필요가 있었으니까요. '엄마'라는 한 마디만 할 수 있어도 자녀의 생존이 보호받을 수 있으니까요. 탯줄로 호흡하던 신생아가 엄마 배속에서 나와 세상에 자신의 존재를 알리는 절차가 울음이라고 합니다. 우렁차게 울면서 허파 호흡을 시작했음을 알리고, 울음과 웃음으로 부모와의 모든 대화를 시작하죠. 젖을 먹으면서도 엄마는 '엄마'라는 말을 입에 달고 살죠. 젖을 먹고 난 후에도 아이의 얼굴을 보면서 '엄마'라는 말을 계속 해주죠. 그러다 아이는 엄마라는 말을 옹알이를 하면서 배가 고프면 '엄마' 라고 외치고, 소변과 대변을 보고 나서 기저귀를 갈아 달라고 '엄마'를 부르기도 하며, 배가 고파서 짜증이 나면 '엄마'를 부르면 뭐든지 해결된다는 사실을 알게 된다고 합니다. 이렇게 아이는 엄마라는 말이 '마법의 말'이라는 사실을 알게 된다고 하죠."

"그렇지. 아이에게 '엄마'는 생명이지. 모든 사람에게 언어의 시작이었던 '말'은 생명력을 가지고 있었다는 것이지. 엄마와 아이와의 오감을 통한 모든 대화는 처음부터 끝까지 모두 사랑이며 생명의 표현이라는 것이 언어의 본질이고 본성이라고 생각하네. 이러한 원초적이고 본능적인 언어의 속성이 아니었다면 엄마는 절대로 자녀에게 언어를 코칭할 자격이 없었을 거라는 생각이 드네."

"백퍼센트 동의합니다. 유대인의 엄마들이 다국어 전문가도 아닌데 3개국어를 어떻게 가능하게 했을까? 에 대한 정확한 답이라고 생각합니다. 처음부터 모든 아이들은 모든 언어를 할 수 있는 능력을 이미 가지고 있었고, 엄마는 그것을 끄집어 내는 역할만 하면 가능하다는 것이 증명된 셈이죠." 제임스와 폴은 언어를 습득하는 시기의 유아에게 커리큘럼으로 인해 언어의 생명력을 잃어버리게 했다는 사실이 너무나 가슴이 아팠다.

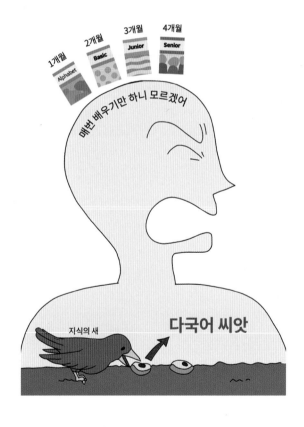

다국어 동시 말하기, 유대인을 넘다

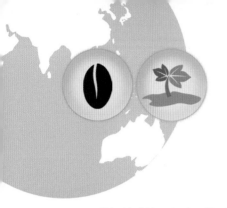

좋은 땅1_
조상들과 4차산업혁명,
우리의 다국어 DNA를 깨우다

예측 불가의 코로나19와 예견되었던 4차산업혁명은 새로운 교육환경
을 조성하기 시작했다. 과거는 미래의 거울이며 현재는 과거를 투영한
미래의 그림자 시대일 뿐이다. _제임스 진, 폴 킴

[놀이중심 다국어 동시 말하기 프로젝트]는 물감 한 방울이
물 속에 떨어지면 확 퍼지듯이 기존 교육생태환경에 새로운 대
안으로 인식되기 시작했다. 두 저자는 이런 시대가 올 것을 마
치 알았던 것처럼 지난 긴 세월을 회상하며 창조주가 인간에게
언어를 준 목적이 회복될 것이라는 확신이 있었다. 모든 것이
그렇듯 본질과 본성을 지키다 보면 그 가치가 인정될 때가 온다
는 보편적 진리를 믿고 있었다.

2019년 코로나19라는 예측불가의 바이러스 테러가 전 세계
적으로 퍼지면서 모든 국가의 교육시스템이 도마 위에 오를 수
밖에 없었다. 비대면 교육의 현실과 상업적 가치가 드러나면서
글로벌 에듀시장은 확산되었고, 비대면이라는 특수성에 맞는
교육시스템을 급하게 만들기 시작했다.

또한 4차산업혁명은 코로나19로 인해 더욱 깊이 인간의 삶에
영향을 미치기 시작했다. 2016년 이세돌과 알파고의 세기의 바

둑대결을 목격한 인류는 인간의 창의성마저 AI로봇에게 지배당하는 것은 아닐까? 라는 불안감 속에서도 스스로 그러한 시대를 만들어가고 있다. 만화와 SF영화 혹은 판타스틱 드라마를 통해 미래사회를 표현하는 과정에서 로봇이 인간와 사랑하는 모습까지 표현되는 것을 보면서 소름이 돋을 정도다. 사람의 자리를 애완견이 대신하더니 급기야는 로봇이 인간과 사랑하는 일까지도 일어날지 모른다는 미래사회의 모습이 마냥 반가울 수만 없는 게 사실이다. 수많은 방송매체와 언론에서는 앞을 다투며 인간이 AI 로봇과의 경쟁에서 살아남기 위해 어떤 준비를 해야 하는지 여론 조사와 전문가의 조언을 구하는 프로그램을 방영하면서 엄청난 인기를 끌기도 했다.

이러한 사회적 인식과 구조의 변화는 교육환경에도 반영될 수밖에 없다. 그렇지만, 1차부터 3차 산업혁명까지의 변화과정과는 사뭇 다르다. 이제까지는 인간이 혁명의 주체이며 인간의 만족도를 높이는 쪽으로 혁명이 흘러왔다면 4차에서부터는 인간의 존엄성의 가치를 훼손할 수 있다는 위기감이 흐르면서 인간다움을 지키고 싶은 인간과 인간을 지배하고 싶은 인간 간의 보이지 않은 전쟁처럼 느껴질 정도로 위협적인 혁명의 시대를 살고 있는 건 분명해 보인다. 이러한 시대에서 현재를 살아가는 우리의 모습보단 미래 사회를 살아갈 아이들을 어떻게 교육해야 하고 어떤 인재상으로 만들어야 하는지에 대해 깊이 조명되고 있다. 전문가들은 '로봇이 할 수 없는 인간다움과 인간의 영역을 강화하고 발전시켜 나가야 한다'라는 결론을 언급하면서 구체적인 역량으로 창의적 사고와 의사소통능력 그리고 협업을 통한 문제해결 능력이라고 강조하고 있다.

제임스와 폴은 이러한 능력을 어릴 때부터 형성할 수 있도록 아이들의 교육의 방향이 재조명돼야 한다는 생각으로 [놀이중심 다국어 동시 말하기 프로젝트]라는 교육적 아젠다를 만들어 가고 싶었다. 우리 역사의 중심에는 늘 교육이 있었고, 특히 일제 시대 우리 조상들은 일본으로부터 해방을 위해 교육을 가장 중요한 요소로 여겼다. 교육은 현 상황을 인식하고 벗어날 수 있는 길을 모색하며 집단적 지성인을 만들어가는 중요한 촉매제 역할을 하기 때문이다. 이런 의미에서 조상들의 교육과정에서 명문가의 비서로 전해졌던 [다국어 동시 말하기]는 교육계에서는 그 가치가 높이 평가되고 있다. 왜냐하면 일제 시대를 거치면서 우리들은 외국어 능력을 상실했지만, 이미 우리 조상들의 다국어 구사능력은 탁월했다는 것을 반증하기 때문이다.

제임스와 폴은 유대인과 우리 조상들의 다국어 습득방식이 너무나 흡사하다는 사실에 소름이 돋았다. 어떻게 정 반대에 위치한 두 나라가 전혀 교류가 없었던 과거 시절에 '큰소리 리듬읽기'라는 같은 방식으로 3개국어를 자유자재로 할 수 있었을까? 언어습득과정을 과학적 이론으로 설명할 수 없던 시대에 조상들은 전통방식을 활용하여 다국어 습득이 가능했고, 이런 방식이 지금까지도 유대인은 전해지면서 다국어 능통자로서 전 세계를 움직이는 엘리트 민족으로 살아가고 있다는 사실이 결정적 힌트였다. 이제 우리는 포스트 코로나19를 거쳐 4차 산업혁명이라는 새로운 시대에 살고 있다. 제임스와 폴은 우리 조상과 유대인들이 했던 다국어 교육방식에 숨겨진 비밀을 정확히 알고 교육시스템에 적용하고 싶었다. 그렇게 된다면 우리 민족의 우수성은 더욱 분명하게 드러날 뿐만 아니라 아이들이 갖춰야 할 미래 역량을 유대인처럼 어릴 때부터 심겨줄 수 있다는 확신이 들었다. 두 사람은 이 사실을 모두에게 전해주고 싶었다. 그러기 위해서는 기존의 교육방식과 기득권층의 교육적.사회적 고정관념과 보이지 않는 전쟁을 시작해야만 했다.

하지만, 두 사람은 이미 이긴 싸움을 하고 있다고 생각했다. 우리 조상과 유대인들의 역사적 증거, 유대인과 조상들의 다국어 습득방식의 연구로 인한 일정기간 안에 습득이 가능한 코칭법 개발, 1만번 이상 말을 할 수 있도록 개발된 코칭큘럼, 다국어를 통해 익힘의 능력이 장착된 유대인들의 국제사회의 역할, 다국어 구사가 뇌 발달에 미치는 영향과 형성되는 능력, 코로나 19와 4차산업혁명으로 인한 교육의 변화와 미래 인재상이 모두 같은 방향으로 흘러가면서 이론적 이해와 당위성은 어느 누구도 반박할 수 없는 시대가 되었다는 사실이다. 더불어 이러한 이론적 바탕에 다국어를 자유자재로 구사하고 있는 실재의 증인인 우리 아이들이 있다는 사실은 천군만마를 얻은 것과 같다.

영어 중국어 스페인어

조상들의 다국어 역사

계승.발전시킨 코칭법

1만 번 말하기 실현

유럽 - 다국어
생활화

다국어
필수 교육 강화
-아시아-

4차 산업 혁명
코로나19로
창의성 인재

유대인을 넘다
한국인의 국제 사회에서의 역할
(다국어 구사능력과 익힘의 능력)

동시학습 시스템으로 1만번 말하기 실현

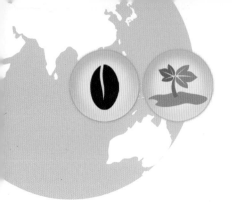

모든 사람은 천재다. 그러나 모두가 천재가 되지 못하는 것은 배움이라는 틀에 갇힌 상태로 살기 때문이다. 배움에서 해방되어 익힘의 즐거움안으로 들어가는 순간 천재성이 회복된다. _제임스 진, 폴 킴

제임스와 폴은 오늘 중요한 미팅 자리에 참석하게 되었다. 각 지역의 교육을 담당하고 있는 교육 관계자에게 정식으로 [놀이 중심 다국어 동시 말하기 프로젝트]를 설명하는 자리였다. 두 사람은 프로그램의 논쟁이 아닌 [우리 조상들의 다국어 DNA를 깨워야 한다]는 생각밖에 없었다. 다국어를 동시에 말하는 아이들의 모습이 가장 확실한 무기였다. 이것을 증명하기 위한 시간이 서로에게 기적이 되기를 바라는 마음이었다. 설명회 흐름이 아주 자연스럽게 흘러갔다.

"여러분, 우리 모두가 분명하게 알고 있는 사실이 있습니다. 바로 유아들은 천재라는 사실입니다. 맞나요?" 제임스 원장이 운을 띄웠다.

"그렇죠. 얘들은 스펀지처럼 모든 것을 흡수한다는 사실은 너무나 잘 알고 있죠."

"여기에는 이견이 없네요. 그럼, 좀더 구체적으로 언어와

뇌발달을 연계해서 생각해보도록 하겠습니다. 스캐몬 성장곡선에 따르면, 인간의 뇌는 6-7세 사이에 거의 90%가 완성된다고 합니다. 신체의 성장 속도보다 뇌 발달속도가 훨씬 빠른 시기이기도 하죠. 뇌가 이렇게 빠르게 완성되기 위해서는 자극과 반응이 빠르게 작동해야 합니다. 스펀지같이 천재인 아이들, 0-7세 사이의 뇌의 역할과 변화과정을 면밀히 살펴보겠습니다." 서로 잘 이해하고 있는 내용이라 호응이 나쁘지 않았다.

"저의 첫째 아들이 태어나서 2살까지 행동을 살펴보면 오감을 통해 모든 것을 받아들이고 있다는 생각이 들었죠. 손으로 잡고 냄새를 맡아보고 입으로 빨아보고 모빌처럼 움직이는 것이 있으면 눈으로 확인하고 소리가 들리면 반응하는 모습을 통해 세상과 사람에 대한 모든 정보를 받아들이고 있다는 겁니다. 세상과 사람에 대한 총체적인 정보가 아주 포괄적이고 추상적이기 때문에 마치 숲을 상상하며 보고 있는 느낌이죠. 개념을 이해할 능력도 표현할 단어도 모르고 있기에 '봉사가 문고리를 잡는 느낌'으로 세상과 사람을 알아가는 과정이죠. 그러니 1,400억개의 뇌세포가 상상력과 창의성 그리고 직관적인 감각이 특화된 상태로 활성화될 수밖에 없겠죠. 이런 우뇌의 능력은 좌뇌보다 기억용량이 1,000배, 독서력이 400배, 연산력이 300배, 정보처리능력이 1,000배가 좋습니다. 결국 우뇌는 멀티처리 능력이 탁월하다는 뜻입니다" 모든 아이들이 자신이 태어

날 나라를 미리 알 수도 없고, 어떤 언어를 사용할지 모른 상태로 세상에 왔으니 그럴 수밖에 없겠다 싶은 생각이 들었는지 모두들 고개를 끄덕였다.

"문자나 기호와 같은 사회적 약속이나 예의라는 다양한 개념의 틀이 없으니 개념안에 갇혀 있지 않게 되겠죠. 1,400억개의 뇌세포를 자극하는 다양한 경험은 우뇌를 흥분하게 만들죠. 이러한 시기를 거치면 자연스럽게 다음 단계의 뇌발달이 이뤄집니다. 우뇌에서 엄청난 양의 세상과 사람의 정보를 입력하는 역할을 맡았다면 3세때부터 서서히 이런 정보가 무엇인지 표현해보고 싶은 본능으로 이어집니다. 뇌량이라는 신경세포다발이 발달하면서 우뇌와 좌뇌가 연결이 되고 우뇌의 모든 정보가 좌뇌에 전달이 되면서 정보를 표현하려는 브로카 영역(말하는 뇌)이 발달하기 시작합니다. 솔직히 좌뇌는 언어.분석.논리.이성의 역할을 담당하지만 이 시기에 논리적으로 분석하고 이성적으로 판단하는 힘은 없죠. 다만 언어의 기능 중에 말하기를 본능적으로 하도록 되어 있습니다. 왜냐하면 뇌 안에 분포되어 있는 거울 뉴런의 위치를 보면 운동신경 인접지역에 브로카 영역과 겹쳐 있기 때문이죠. 여러분도 알다시피, 거울 뉴런의 역할은 모방과 공감입니다. 사회성이 강화되지 않은 0세부터 7세까지는 뉴런의 역할이 거의 모방이라고 합니다. 말을 하고자 하는 브로카 영역과 본능적으로 모방하려고 하는 거울 뉴런이 하나로 겹쳐 있다는 것은 시사하는 바가 큽니다." 관계자들의 반응이 점점 뜨거워지기 시작했다. 땅의 보석을 캐는 느낌이 들었는지, 알듯 모를 듯 묘한 지혜의 샘을 발견한 반응들이었다.

"결국 우뇌에 모든 정보를 좌뇌의 언어기능을 통해 표현되어야 한다는 것이고, 그것을 가능하도록 본능적으로 만들어진 것이 바로 말하는 뇌인 브로카 영역과 모방 역할을 하는 거울 뉴런이 하나로 겹쳐져 있다는 겁니다. 우뇌와 좌뇌의 모든 정보가 연결이 되면서 언어, 특히 말하기를 통해 뇌 발달이 이뤄지도록 되어 있다는 사실이죠. 이 시기에 말을 하면 할수록 뇌 발달에 엄청난 도움을 준다는 것이고 우뇌의 추상적이고 대량적인 정보들을 좌뇌에서 표현할 단어나 문장들이 다양할수록 개념을 표현할 수 있는 능력은 탁월해진다는 말이죠. 쉽게 말해서 천재가 계속 천재로 살아갈 수 있다는 뜻입니다. 여기까지 핵심을 보시면 우뇌에서 정보를 받아들이는 방식과 좌뇌에서 정보를 표현하고자 하는 모든 방식이 모방이라는 사실입니다." 모두들 한참 동안 말들이 없었다. 이렇게 구체적으로 언어습득 과정을 설명해준 적이 없기도 했지만, 모방과 익힘의 상관관계가 조금씩 이해가 되면서 자신들이 설득 당하기 시작했다.

"오감 활동을 통해 우뇌가 정확한 정보를 받아들일 수 있도록 엄청난 모방(반복)적인 행동을 하게 됩니다. 이렇게 우뇌에 형성된 정보를 좌뇌에서는 말하기라는 반복의 횟수를 알 수 없을 만큼의 모방과 익힘의 과정을 거치면서 운동신경세포를 통해 기억세포로 저장되게 만듭니다. 이때부터 익힘의 능력이 생기기 시작합니다." 제임스와 폴은 신났다. 언어와 뇌 발달에 대한 이야기를 얼마나 하고 싶었는지 모른다.

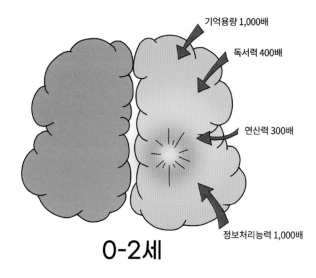

기억용량 1,000배

독서력 400배

연산력 300배

정보처리능력 1,000배

0-2세

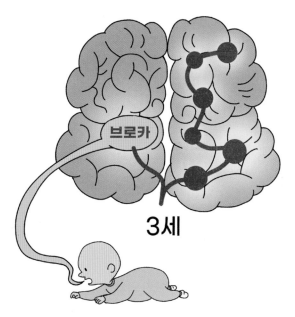

브로카

3세

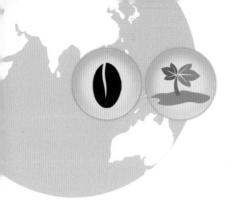

모두가 놓친 익힘의 능력을 회복해야 한다. 유아는 그 능력을 키워가
도록 하고 어른들은 그 능력을 변화.도전.지속을 통해 회복하는 것이
관건이다. _제임스 진, 폴 킴

"지금까지 3세가 되었을 때, 유아들의 뇌 발달과 언어의 연관
성을 말씀드렸습니다. 참고로 워싱턴 대학의 페트리샤 쿨 박사
는 0-7세까지 언어습득의 결정적 시기라고 말하면서 이 시기
에 일정횟수 이상 반복을 통해 익히는 과정을 거치면 동시에 7
개 언어를 습득할 수 있는 능력을 가지고 있다고 언급하기도 했
습니다. 1,400억개의 뇌세포가 언어를 모방하면서 뇌 발달이
급격하게 진행되기 때문에 모방을 통한 익힘의 즐거움을 경험
할 수 있죠. 이러한 경험은 이해하고 분석하고 논리적으로 생
각하는 좌뇌가 발달되지 않았기 때문에 반복에 대한 지겨움이
나 무엇을 알았다고 생각하는 식상함을 전혀 모르기 때문에 가
능한 겁니다."

"그걸 어떻게 증명할 수 있죠? 저자분도 자신의 어린 시절을
전혀 기억하지 못하실 텐데…." 설명 도중에 불쑥 누군가의 질
문이 나오자 모두 그쪽을 바라봤다. 부산지역 부설교육기관 원

장 겸 교수를 하고 있으신 분이었다.

"질문을 하셨으니 저도 질문으로 대답을 대신하도록 하겠습니다. 우리 아이들이 엄마라는 말을 도대체 몇 번을 하고 나서 '엄마'라는 말을 했을까요?"

"글쎄요. 정확하진 않지만 최소 2~3,000번 정도 아닐까요?" 아주 시크하게 대답하면서 조금 당황한 눈치였다.

"질문을 다시 해볼께요. 그렇다면 아이들이 '엄마'라는 말 다음으로 말하는 '아빠'라는 말은 몇 번을 했을까요? 또 다음 단어는 몇 번의 옹알이를 했을까요? 이때 아이들이 지겹다고 말하거나 알고 있어서 말하기 싫다고 했던 적이 있던가요?" 모든 사람들은 순식간에 이해가 된 듯 다시 제임스와 폴을 바라보며 다음 이야기를 듣고 싶어했다.

"이렇듯 우리 모두는 어린 시절에 자신이 모국어를 익혔던 사실에 대한 기억이 전혀 없습니다. 또한 자신이 모국어를 익혔을 때 전혀 지루하게 느끼지 않았다는 사실도 기억하지 못하죠. 우리 아이들은 '엄마'라는 말을 최소 7,000번 ~ 2만번 정도 옹알이를 하고 나서 '엄마'라는 말을 했다고 합니다. 페트리샤 쿨 박사가 말한 '일정 횟수 이상'이 의미하는 숫자이기도 하죠. 여러 나라의 언어를 1만번 이상 말을 하게 되면 거의 모국어 수준으로 말을 할 수 있다는 근거이기도 하지만, 이렇게 많은 말을 반복하면서도 전혀 지루해 하지 않기 때문에 익힘의 능력을 갖출 수 있는 조건이 되기도 합니다." 모두들 박수를 치며 환호를 하기 시작했다.

"유아들이 선천적으로 모방과 말하기가 탁월하다는 것은 알고 계셨을 겁니다. 그런데, 어떤 커리큘럼도 유아들이 1만번 이상 말을 하도록 만들지 못했다는 사실도 알아야 합니다. 그렇기 때문에 매월 그 달은 영어나 외국어를 잘하는 것처럼 보이지만, 결국은 아이들이 커리큘럼 안에서는 1만번 말할 수 있는 기회를 놓친 채 지나가게 됩니다. 이와 반대로 생각을 해보시죠. 0-7세 시기에 영어 뿐만 아니라 3개국어 이상을 동시에 1만번 이상 말을 하게 될 경우를 상상해 봅시다." 제임스와 폴은 잠시 주위를 둘러봤다.

"모든 언어를 동시에 말할 수 있게 되겠지만, 혼란스러울 거라는 생각은 드네요. 상황에 맞는 말을 제대로 할 수 있을까 싶기도 하고……"

"그 부분은 모국어를 하면서도 많이 발견되는 현상이기도 하죠. 아이들이 어려운 말도 곧잘 하는 것 같지만, 실제 그 말이 가지고 있는 의미를 정확히 알고 사용하기 보다는 자주 사용해 보면서 그 의미를 알아가는 현상이죠. 하지만 이런 현상은 7세가 지나면 자연스럽게 사라집니다. 왜냐하면 이해하고 분석하는 베르니케 영역이 작동을 하기 시작하면 이해를 기반으로 언어를 사용하게 되거든요. 반대로 7세 이전에 이해하고 분석하는 영역을 자극하고 개발하기 시작한다면 우뇌의 창의성과 직관력이 더욱 빠르게 사라지게 됩니다. 즉 문자라는 틀이 상상력과 창의성을 제한하는 현상이 벌어집니다. 그렇기 때문에 7세까지는 우뇌중심의 좌뇌 브로카 영역(말하는 뇌)을 강화해야 한다는 말이죠."

"그렇죠. 맞네요. 왜 그런 사실을 모르고 있었죠."

"오늘 아주 중요한 이야기를 한 셈입니다. 0-7세는 우뇌의 엄청난 정보를 좌뇌에서 표현하기 위한 과정에 있는 시기이며 절대적으로 말하기 중심으로 뇌 발달이 이뤄지는 시기인 만큼 모든 언어를 1만번 이상 말을 하도록 도와줘야 합니다. 그렇게 되면 거의 모국어 수준으로 다국어를 할 수밖에 없기에 익힘의 능력이 탁월한 천부적인 능력을 갖춘 존재들로 성장하게 됩니다. 그런데, 이들의 능력을 커리큘럼으로 죽이시겠습니까? 표현의 중심인 말하기를 훈련하면서 익힘의 능력을 자연스럽게 형성할 시기에 언어의 뜻을 가르치면서 이해영역을 작동시켜서 지루함과 식상함을 미리 맛보게 하실 건가요?"

"우리가 도대체 아이들에게 무슨 짓을 하고 있는지 생각하게 만드네요. 충격적인 사실을 알았고, 이 상태로 교육을 지속해서는 천재를 계속 바보로 만드는 교육을 하게 되겠구나 싶은 생각이 확 들었습니다."

"영어도 어려운 데 무슨 다국어일까? 그것도 다국어를 동시에 말한다는 것이 가능할까? 싶었는데, 오늘 설명회를 들으면서 제가 가지고 있던 외국어 교육의 고정관념이 확 깨졌습니다. 앞으로 어떻게 해야 할지 더 많은 대화를 해보고 싶네요."

모두 수 십년동안 교육을 해오면서 늘 풀리지 않았던 외국어 교육의 문제점을 발견하면서 충격을 느끼기도 하고 새로운 가능성과 희망이라는 설렘이 공존하고 있었다. 모두에게 무거우면서도 결코 무겁지 않았고, 길이 없을 것 같던 곳에 길이 있다는 사실을 직접 경험한 시간이었다. 제임스와 폴은 한참동안 이들과 많은 이야기를 나눴다. 역사를 바꿀 태동의 시간으로 간직되는 순간이었다.

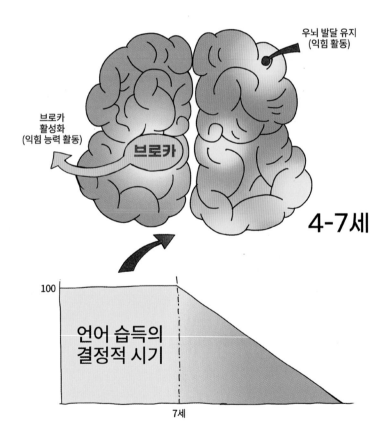

다국어 동시 말하기, 유대인을 넘다

Training of Language

모든 나무는 광합성 작용과 물관과 체관을 통해 양분과 수분이
순환하며 나무의 생명과 그 생명이 자라고 성숙하도록
생명의 순환 서클을 가지고 있다.

좋은 땅에 언어의 나무를 심고 가꾸는 것은 기계적으로
가르치는 행위가 아니다.
놀이의 즐거움과 익힘의 능력은 언어의 생명이 자라게 한다.
코치는 이 모든 것에 사랑을 더할 때 언어의 생명도
성숙하게 된다. 결국 우리의 역할은 생명과 사랑이 서로
순환할 수 있도록 코칭하는 것이다.

03

지식의 법에서 생명의 법칙으로

모든 사물과 현상에는 변하지 않은 원인과 결과가 있기 마련이며 이러한 흐름을 우리는 법칙이라고 한다. 지식은 '아는 게 병'이라는 말처럼 많은 고뇌와 염려를 가져오고 생명은 '사랑의 증거'라는 말처럼 새로운 생명을 탄생시킨다. 우리에게 언어는 지식인가? 생명인가?

제 1법칙 _ 단순성과 순수성

제 2법칙 _ '學'이 아닌 '習'을 위한 코치

제 3법칙 _ 다국어 동시 말하기 코칭법 1~3

제 4법칙 _ 우뇌발달과 좌뇌의 브로카 영역의 활성화

제 5법칙 _ 놀이활동과 메타인지

제 6법칙 _ 지식기반과 암묵적 지식

제 7법칙 _ 놀이와 익힘의 선순환

제 1법칙_
단순성과 순수성

단순성과 순수성이 사라지는 이유는 생각이 부패하기 때문이다. 그 생
각을 조정하고 변질시키는 원인은 지식과 경험이다. 지식과 경험을 버
려야 비로소 단순성과 순수성을 유지할 수 있다. _제임스 진, 폴 킴

　인천을 중심으로 시작된 [다국어 동시 말하기 프로젝트]의 열
풍은 100여곳에 깃발을 꽂게 되었다. 거의 황무지나 다름없는
척박한 교육환경 속에서 빚어낸 엄청난 결과였다. 그럼에도 불
구하고, 아직 넘어야 할 산들이 많았다. 교육 기관장의 마음을
사로잡는 것에는 성공했지만, 다음 관문은 교사였다. 시작하기
도 전에 교사들의 반대로 포기한 곳도 상당히 많았다. 교사들
에겐 코로나19로 인해 '교실 영어'라는 것을 직접 하게 되면서
교육의 부담을 잔뜩 떠안고 있었기에 '다국어 동시 말하기'라는
말만 들어도 기겁을 할 판이었다. 현재 교육환경의 핵심이며
중심 역할을 하는 교사에게 '다국어 동시 말하기는 쉽다'라는
인식을 심어주는 것이 관건이었다.

　100여곳의 교사교육의 시작은 인천이었다. 제임스와 폴도 적
지 않은 염려가 있었다. 유아 시장의 교사 교육은 처음이기도
하고 특히 코로나19로 인해 경직된 교사들의 마음을 다독이며
시작해야 하는 어려움마저 있기에 심적 부담이 적지 않았다.

두 사람은 널찍하게 공간을 두고 소그룹 교사 교육을 시작했던 추억을 잊을 수가 없었다. 교사 앞에 서자마자 날아온 질문은 정신을 혼미하게 만들었다.

"교육은 얼마나 걸리죠? 신학기라 할 일이 너무 많으니 짧게 해주세요." 저자로 다니면서 이런 대우는 처음인지라 한참을 서 있었다. 기존의 저자 강의 방식으로 했다간 큰일날 상황이었다. 교사들에겐 저자가 아닌 프로그램 설명하러 온 업체 교육자 정도로 여길 거라는 생각이 들자, 제임스와 폴은 정신을 바짝 차렸다.

"신학기라 정신도 없는데, 다국어 동시 말하기라고 하니 벌써부터 한숨이 나오고 짜증이 날 겁니다. 저도 바쁘신 분들에게 길게 설명하고 싶은 생각은 없습니다. 1분정도 듣다가 교육이 도움되지 않거든 바로 나가셔도 좋습니다." 터진 입이라고 이렇게 막말을 해도 되나 싶었지만 이미 엎질러진 물이었다.

"교사분의 어머님이 여러분에게 한국말을 전해준 방식 그대로 다국어 동시 말하기를 해주시면 됩니다. 컨텐츠 사용은 마우스와 키보드만 누르시면 되니까 별 어려움이 없습니다. 교육 마치겠습니다." 폴 코치는 교사들에게 인사를 하고 돌아가려고 했다.

"저기요… 아무리 그래도 진짜로 1분만에 끝내시면 곤란하죠. 질문은 받아 주세요."

"아~ 질문이 있군요." 폴 코치는 심호흡을 하며 질문을 기다렸다.

"엄마가 했던 방식이라는 게 잘 이해가 안됩니다. 이해가 되더라도 어떻게 3개국어를 제가 할 수 있을지는 미지수인데….."

"일단 우리는 자신감부터 회복해야 합니다. 먼 나라 이웃 나라도 아닌 조선시대에는 조상들이 다국어를 잘했다고 합니다. 근데, 누구를 대상으로 했는지 모르시죠? 놀라지 마시기 바랍니다. 제가 여러분에게 사기를 칠 수도 있으니 조상들의 다국어 교재를 보여 드리죠. 여기 보시면, 정약용 선생님이 쓰신 [아학편]을 지석영 선생님께서 영어.중국어.일본어를 동시에 익힐 수 있도록 편저를 하셨습니다." 교사들은 그제서야 관심을 갖기 시작했다. 사실인지 아닌지 궁금하기도 하고 영어도 어려운 판국에 3개국어를 했다고 하니 놀랍기도 하고 믿겨지지 않기도 한 상황이라 반신반의하며 쳐다보았다.

"더 중요한 것이 있답니다. 이걸 말씀을 드려야 하나 싶기도 하고 자존심 상하면 안 될 것 같아서 말을 하기가 쉽지 않네요." 폴 코치는 살짝 뜸을 들이기 시작했다. 교사들은 여전히 호기심과 미심쩍은 마음이 공존하고 있었다.

"다국어 교재인 [아학편]은 [아동 아]자가 말하듯이 지금으로 말하면 영.유아들이 이 다국어 교재로 '하늘 천 ~~, 땅 지~~' 와 같이 큰소리 리듬읽기 방식으로 다국어를 잘 했다고 하네요. 다시 말하지만 영.유아들이 다국어를 겁나게 잘했다는 말입니다. 일본으로 인해 우리의 큰소리 리듬읽기 방식을 **빼앗기**

면서 다국어 능력은 사라지고 영어도 못하는 상황이 되었지만 말이죠. 우리 교사분들이 영어를 못하는 것은 누구 때문이라구요?"

"일본 때문이군요."

"그렇죠. 여러분 잘못이 아니라는 말입니다. 일본이 우리나라에 심어준 영어 학습의 고정관념을 100년 넘게 이어왔으니 당연히 다국어 뿐만 아니라 영어도 어렵죠. 이러한 참사의 시작은 일본이지만 결국은 우리가 조상들의 다국어 능력을 회복해야 하는 상황이죠. 우리 민족은 대단한 민족이고 여러분도 대단한 민족의 후예랍니다. 별거 있나요? 우리 조상들이 영.유아들을 대상으로 했다는데, '다국어 동시 말하기' 우리도 가능하지 않을까요?"

"듣고 보니 해 볼만 하겠네요. 그러니까 앞 전에 말씀하신 것처럼 다국어 동시 말하기를 엄마처럼 하라는 거잖아요."

"네. 맞습니다. 우리 교사분들은 어떻게 '엄마'라는 말을 했는지 생각해보시면 됩니다. 엄마들은 자녀가 계속 말을 하도록 옆에서 말을 걸어주는 역할을 절대로 놓지 않았죠. 교사분들이 다국어 전문가도 아닌데, 가르친다는 게 말이 되겠습니까! 그래서, 가르치지 말고 원생들이 말을 하도록 코칭만 하시면 된다는 뜻입니다."

"아주 간단하다는 느낌이 들기 시작하네요." 교사의 이 한 마디는 굉장히 중요했다. 생각을 좌우하는 대뇌피질에서 '쉽다'라는 판단이 서자 부정적 감정에 사로잡혀 있던 감정들이 눈 녹듯이 사라지면서 '재미있겠네'라는 감정이 싹트며 교육을 받아들이는 자세가 달라지기 시작했다.

단순함과 순수성은 모든 일의 시작이며 긍정의 원천이라는 확신이 서는 순간이었다.

제 2법칙_
'學'이 아닌 '習'을 위한 코치

코치의 3대 철학은 인간이 인간에게 미치는 영향을 너무나 잘 표현하고 있다. 아무리 무한한 가능성이 있고, 문제해결 능력을 가지고 있어도 함께 할 파트너가 없다면 가능성과 능력은 사라지고 만다.

_제임스 진, 폴 킴

180도 달라진 교사들의 마음을 확인 한, 제임스와 폴은 본격적으로 교육을 시작할 수 있었다.

"이 순간부터 '가르친다'는 말을 잊어야 합니다. 그리고 원생들을 가르치는 것은 '바보를 만드는 일이다' 라고 생각하십시오. 현재 하고 있는 모든 교육이 '學'중심으로 되어 있죠. 다국어는 전문가가 아니니 'Teaching'이라는 말을 쉽게 하지 않으시겠지만, 그럼에도 늘 습관처럼 뭔가를 가르치려는 관성의 법칙이 있잖아요. 예를 들면, 굿모닝이 무슨 뜻이지? 라고 물어보는 것이 가르치는 것과 같다는 말입니다. 어른들의 뇌는 이해를 기반으로 뭔가를 표현하는 방식이라서 아이들도 똑같은 상황이라고 착각을 하고 있다는 사실이죠."

"듣고 보니 이해가 되네요. 제가 5~7세까지 교육을 해봤지만, 아이들은 자신이 말하는 내용이 정확히 무슨 의미인지 모르고 사용하는 경우가 많더라구요. 그래서, 여러 번 알려주면서 이해를 할 수 있도록 많은 애를 쓰고 있는 게 사실입니다. 솔직히 설명을 해줘도 잘 이해를 못 하니까 답답하기도 하거든요."

"지금부터는 교사나 원생 모두가 정반대로 해야 할 상황입니다. 이것도 쉽지는 않을 겁니다. 가르치지 않고 코칭을 해야 한다는 것은 한 마디로 '말을 계속 하도록 해주세요'라는 뜻입니다. 이것도 보통 어려운 일이 아니죠. 여기 교사분들도 늘 새해가 되면 '올해는 반드시 살을 빼리라' 다짐하고 다이어트를 시작하지만, 결국 어떤 일이 벌어지나요?"

"아~~ 아픈 곳을 후벼 파시네요." 너무나 공감한다며 깔깔 웃기 시작했다.

"그래서, 교사분들이 잘하는 것과 연관시켜서 코칭을 할 수 있어야 되겠죠. 한결같이 원생들이 말을 하도록 코치한다는 것이 어려우니 교사분들이 아주 잘하는 것을 접목해야 합니다. 그게 뭘까요?"

"저희들이 가장 잘하는 것이 교육이지만, 다국어는 교육하기가 어려우니 그 다음으로 잘하는 게 애들과 놀아주는 건데……" 센스 있게 대답한 교사의 말에 모두들 손뼉을 치며 웃었다.

"나중에 책 하나 선물하겠습니다. 역시 정답입니다. 문자적으론 '學'과 가장 가까이 있지만, 가장 멀리 있게 떨어져 있던 '習'을 할 수 있게 만들어 주는 것이 바로 놀이입니다. 엄마들이

얘들과 놀면서 이런 저런 대화를 하잖아요. 놀면서 대화를 한다는 것은 가장 쉽지만, 가장 어렵기도 하죠. 왜냐하면 신체적인 체력과 정신적인 사랑이 있어야 가능하니까요. 제 생각에는 이 세상에 '엄마' 다음으로 아이에 대한 체력과 사랑이 넘치는 사람은 바로 교사 밖에 없다고 생각합니다."

"저희를 너무 띄우네요. 맞는 말씀이라 뭐라고 반박을 할 수 없습니다만…. 저희도 과도한 업무량 때문에 요즘 같은 신학기에는 많이 힘들거든요."

"첫 만남에 그 한 마디로 충분히 느낄 수 있었습니다. 다만 우리가 유아 눈높이에 맞춘 교육을 하자고 강조하듯이 유아들의 뇌발달에 맞춰 언어, 특히 다국어 교육을 해줄 필요가 있다는 말입니다. 아이들은 세상을 알아가기 위해 대량의 정보나 연산을 모방(익힘)을 통해 멀티 처리가 가능한 우뇌중심으로 되어 있기 때문에 좌뇌 중심인 하나 하나를 이해하고 분석하는 '學'의 구조가 아닙니다. 어른들의 기준인 '學'이 아닌 아이들의 기준인 '習'으로 놀이를 하듯이 다국어를 할 수 있었으면 하는 바람입니다. 가르치지 않아야 하니 지식을 전달할 필요가 없고, 유아들도 모국어나 외국어나 똑같이 모르는 사회적 언어체계를 모방을 통해 알아가는 입장이죠. 그래서, '말장난'하듯이 흉내내면서 놀다 보면 일정 기간이 지났을 때, 자신도 모르게 다국어를 모국어처럼 하고 있을 겁니다." 제임스 원장은 교사들의 눈을 쳐다보다 무슨 생각이 났는지, 계속 말을 이어갔다.

"여러분도 덤으로 얻어가는 게 있죠. 다국어가 어느 순간 자연스럽게 나오고 있을 겁니다. 원생들이 열심히 말하도록 놀아주다 보면 다국어가 불쑥 튀어나오거나, 영화를 보거나 외국 팝송을 듣다 보면 한 두 마디씩 들리기 시작합니다. 그땐 저에게 한 턱 사시고 저는 여러분에게 해외 여행권을 선물로 드리겠습니다." 교사들은 모두들 장난으로 받아들였다. 코로나 19가 한참인데, 해외여행은 그저 기분 전환으로 해준 말이라고 여겼다.

첫 교사 교육이 기대 이상으로 잘 마무리되었다. 제임스와 폴은 너무나 감사했다. 앞으로 교사들이 다국어 동시 말하기를 어떻게 이해하고 원생들에게 느끼게 해줄지는 수많은 변수들이 있겠지만, 교육을 하고자 하는 사람들의 진심을 믿어보는 수밖에 없었다. 유아들을 대하는 교사들이 '學'이라는 지식적인 냉철함 보다는 소중한 어린 생명이 세상과 사람에 대한 따뜻한 마음을 가질 수 있도록 지속적인 관심과 사랑을 줄 수 있는 제 2의 엄마들이 아닐까?

다국어는 쉽다!

제 3법칙_
다국어 동시 말하기 코칭법 (1)

다국어 동시 말하기 코칭법은 제한된 기간안에 가장 강력하고 심플한 언어습득의 원천기술이다. 언어를 통해 형성된 익힘의 능력은 모든 영역에서 그 능력을 발휘할 수 있다. _제임스 진, 폴 킴

첫 교사교육의 반응은 원장들을 통해 전국에 전해졌다. 두 번째 산을 무사히 넘어가는 느낌이었다. 인천을 시작으로 경기도와 울산까지 교사 교육일정이 잡히게 되었다. 〈다시 시작되는 영어해방일지〉를 시작할 때만해도 예상하지 못했던 결과다. 특히 다국어 동시 말하기의 코칭법에 대한 과학적 원리에 대한 설명에 관계자들의 이해와 공감을 얻어낼 수 있었다. 제임스와 폴은 가끔씩 경기지역 원장들과 설명회를 했던 기억을 떠올리며 웃곤 한다. 서울을 둘러쌓고 있어서 '노른자를 둘러싸고 있는 계란 흰자'라는 표현이 유행했다. 교육 1번지 주변을 맴돌면서 언제든지 서울로 진입하려고 애를 쓰는 2인자들의 모습이 경기도 교육의 주소인지라 교육적 성향이나 가치도 천차만별이었다. 100명이 모일 수 있는 강당에서 코로나로 인해 겨우 10명 남짓 모인 원장들 앞에서 교육을 시작하려고 하자, 대뜸 한 원장이 막무가내로 질문을 던졌다.

"저자인지 교육 판매업자인지는 모르지만, 다국어 동시 말하

기가 가능한 과학적 근거가 있나요? 이런 저런 소리 다 집어치우고 과학적으로 증명이 돼야 그 다음 절차를 생각해볼 거 아닙니까?" 너무나 직설화법으로 들이대자 싸움 구경을 하는 착각을 일으킬 정도였다.

"요즘 이곳 저곳 지역마다 설명회를 다니면서 다양한 경험을 하게 됩니다. 이 경우도 색다른 경험이네요. 하지만, 당연히 이해합니다. 의문이나 의심을 해결하셔야 다음 진도를 나갈 수 있는 게 인지상정이니까요. 제가 말을 할 수 있는 분위기만 조성해주시면 됩니다. 제 말씀이 끝날 때까지 잠시 경청해주시면 감사하겠습니다." 질문했던 원장은 굳은 표정으로 알겠다며 손으로 계속 하라는 수신호를 보냈다.

"우리처럼 독특한 교육환경을 가진 나라가 드물죠. 우리보다 더욱 독특하고 특별한 교육을 하는 나라가 이스라엘입니다. 이스라엘은 다국어 전문가도 아닌 엄마가 8세 이전에 3개국어를 할 수 있도록 한다고 합니다. 그리고 나중에 스스로 1~2개 이상의 언어를 새로 익힌다고 하죠. 아시아의 유대인이라고 불리는 우리나라도 머리 좋기로는 둘째가라면 서럽죠. 유대인은 0-7세 사이에 3개국을 끝낼 수 있는 비결은 그저 엄마가 계속 3개국어를 큰소리로 말을 할 수 있도록 도와준다고 합니다. 어떤 체계가 있는 것도 아니고 전문적인 교육 프로그램을 가지고 있는 것도 아닙니다. 확실한 것은 그 아이가 모국어처럼 말을 할 수 있을 때까지 말을 하게 만든다는 것이죠. 이게 비결이라고 하니 우리 나라에서는 쉽지 않습니다. 그런 문화를 만들기도 어렵지만, 입시라는 제도 때문에 더욱 불가능한 현실이죠. 그래서, 4-7세까지 이 짧은 시간에 아주 쉬우면서 강력하고 효과적인 코칭법을 적용해야 한다는 점이죠. 애들이 지식적으로 다국어를 할 수 없다는 것 정도는 아시죠.?" 질문인 듯 기선제압 인 듯 슬쩍 질문을 던졌다.

"그래서, 우리가 개발한 코칭법을 설명하고자 합니다. 한 분장으로 간단하게 정리해보려고 하니, 큰소리로 같이 따라 읽어주세요. " 제임스 원장은 '외우지 않고 빠른 속도로 큰소리 익힘 리듬읽기' 문구를 원장들이 큰소리로 따라 읽도록 했다. 한 번도 아니고 세 번씩이나 따라하도록 하면서 분위기를 살폈다.

"'외우지 않고'라는 문구를 생각해봅시다. 외우지 말라는 뜻이 뭘까요?" 시작하기도 전에 심기를 불편하게 했던 원장을 쳐다보며 문자 슬쩍 고개를 돌렸다.

"이 말은 공부하지 말라는 뜻이죠! 외우지 말라는 뜻이죠! 가르치지 말라는 뜻이죠! 베르니케를 사용하지 말라는 뜻이죠! 이해하거나 분석해서 알려고 하지 말라는 뜻이죠!" 힘이 있고 당당한 어투에 모두들 숨을 죽인 채 듣고 있었다.

"7세가 넘어가면 자동으로 베르니케(이해하는 뇌)를 사용하게 됩니다. 이때부터는 이해하고 분석하고 판단하려는 본능이 생깁니다. 그래서 공부하려고 하고 가르침을 받고 싶어하고 이해하면 '안다'라고 착각하게 만들죠. 아는 것과 믿는 것은 넘사벽의 문제입니다. 머리에서 가슴으로 내려오는데 굉장한 시간이 걸리기도 합니다. 이보다 큰 문제는 바로 '안다'라는 착각이 반복을 지루하다고 느끼게 하고 익히는 과정을 하고 싶지 않게 만드는 묘한 속임수가 있다는 말입니다. 지금 원장님들도 제 설명을 들으면서 안다고 생각하는 범위가 있으시죠. 근데, 그걸 누군가에게 설명해보라고 하면 쉽지 않을 겁니다." 이제서야 조금씩 마음의 문을 여는 느낌이었다. 기선제압에 성공한 셈이다.

"이미 어른들은 베르니케 환자들이 많죠. 아는 척하시는 분들 말입니다. 원장과 교사 그리고 학부모 모두가 베르니케 관점에서 자녀들의 모든 교육을 바라보실 겁니다. 그러니, 애들에게 무엇인가를 가르치고 공부해서 외우도록 어릴 때부터 훈련을 시킵니다. 애들은 7세까지 브로카 영역(말하는 뇌)으로 모든 언어를 말하면서 익히도록 되어 있습니다. 다시 말하지만, 외울 수 없는 유아에게 공부하고 외우게 하면 '영어는, 외국어는 어렵다'라는 고정관념을 만들게 됩니다. 이때부터 문제는 커지기 시작합니다. 생각에서 '다국어가 어렵다'라고 인식되면 하고 싶지 않다는 부정적 감정이 형성되면서 전 뇌에 혈류가 원활하게 흐르지 않게 됩니다. 메타인지가 가장 활발할 시기에 부정적 경험은 천재를 보통 아이로 만드는 지름길입니다." 제임스 원장 설명에 모두들 압도당한 분위기였다. 어느 누구도 반박할 근거가 없었다. 자신들의 경험이 증명하고 있고 현재 커리큘럼

으로 꽉 붙잡혀 있는 원생들의 교육 과정만 보더라도 어느 누구
도 영어에서 자유로운 적이 없기에 심각한 위기감을 스스로 느
끼고 있었기 때문이다. 의자 뒤에 등을 기대고 있던 10여명의
원장들은 자세를 바로 하고 초집중 모드로 경청하기 시작했다.

제 3법칙_
다국어 동시 말하기 코칭법 (2)

모든 언어를 할 수 있는 언어의 나무는 이미 사람 안에 심겨져 있다.
다만 언제 그 나무가 제 역할을 하게 만들지는 그 누군가에게 달려있
다. 스스로가 아닌 누군가의 손에 결정되는 아이러니가 존재한다.

_제임스 진, 폴 킴

　"다음 문구를 살펴보도록 하죠. '큰소리 리듬읽기'는 잘 아시
겠지만 우리 조상과 유대인이 다국어 동시 말하기를 하거나 모
든 지식을 습득할 때 늘 사용했던 방식이죠. 이 방식에는 엄청
난 과학적 원리가 숨겨져 있다는 것은 다양한 매체를 통해서 대
략 아실 것으로 봅니다. 낭독의 효과는 EBS에서도 여러 차례
언급한 내용이죠. 서당의 모습을 재연하면서 낭독을 하고 있을
때 뇌파를 촬영했더니 시각.청각.입 운동이 활발해지면서 전
뇌가 활성화 된다고 합니다. 특히 모국어보다는 외국어를 하면
집중력이 향상되면서 더욱 전 뇌가 활성화 돼죠. 마치 밤 하늘
의 별을 쳐다보면 엄청난 불빛들이 장관을 이루듯이 뇌세포 하
나 하나에 불빛이 반짝인다고 생각하시면 이해가 되실 겁니다.
뇌가 활성화 될 때 산소 공급이 원활하게 이뤄져야 일정시간 지
속이 가능합니다. 어떻게 뇌세포에 산소를 원활하게 공급하느냐
가 관건이죠. 원장님은 어떻게 하실 건가요? 산소 호흡기를 뇌에

꽂아야 할까요?" 폴 코치는 살짝 웃으며 분위기를 주도했다.

"산소가 지속적으로 공급이 되지 않으면 산소량 부족으로 머리가 띵하면서 현기증이 느껴집니다. 다행히 우리 조상들 때문에 산소 공급은 신경 쓰지 않아도 될 듯합니다. 다만, 그 원리를 이해하는데 시간이 많이 걸리기는 했죠. 조상들과 유대인은 큰소리로 말을 하면서 이상한 행동을 하는 것을 보셨을 겁니다. 앞뒤로 몸을 흔들면서 큰소리 말하기를 하더군요. 자세히 원리를 살펴봤더니, 몸을 일정 리듬에 맞춰 움직여주면 심장에서 혈액순환을 할 때보다 2~3배 정도 혈액순환이 빨라지면서 산소공급도 훨씬 좋아진다고 합니다. 당연히 뇌 혈액 순환이 빨라지면 산소 공급도 원활하게 이뤄지겠죠. 산소 공급이 활발해지면 뇌에는 알파파라는 것이 많이 분비된다고 합니다. 알파파는 어떤 활동에 몰입하거나 수면 상태에서 발생하는데, 뇌에 산소 공급이 많아지면 더욱 많이 분비된다고 합니다. 큰소리로 몸을 움직이면서 리듬읽기를 하면 산소 공급이 더욱 원활해지고, 알파파가 증가하면 자동 기억력이 개선되면서 메타인지능력이 향상됩니다. 3개국어를 동시에 큰소리 리듬읽기를 했던 조상이나 유대인이 왜 천재가 될 수 있었는지 짐작이 가는 대목이죠." 10여명의 원장들은 곳곳에서 탄성이 절로 나왔다. 다국어가 되겠다는 생각이 스멀 스멀 올라오고 있었다.

"외우지 않고 큰소리 리듬읽기만 해도 다국어 동시 말하기가 가능하다는 생각이 조금씩 드시나요? 아직도 의문과 의심이 있으신 분을 위해 설명을 더 드리도록 하겠습니다. 이번에는 '빠른 속도'라는 내용을 살펴보겠습니다. 큰소리 리듬읽기를 그냥 하지 않고 단계별로 속도를 조절해보자는 겁니다. 느린 속도에서 아주 빠른 속도까지 1~3단계로 속도를 조절하면서 큰소리로 리듬읽기를 해보자는 의미입니다. 이렇게 되면 무슨 현상이 일어날까요?"

"아무래도 정신이 없을 것 같은데요. 자세히 볼 수 가 없으니 대충 넘어가야 할 것도 많겠다는 생각이 드네요."

"우리 뇌를 너무 무시하시면 안됩니다. 뇌는 엄청난 양의 정보와 연산 처리 능력을 가지고 있습니다. 자동차 운전을 하시니 예를 들어보죠. 처음 운전면허를 취득하고 운전석에 앉아서 고속도로를 나가면 과속을 하시나요?"

"절대 못하죠. 제가 운전 면허를 취득하고 새 차를 뽑았는데, 흥분해서 고속도로 한 번 나왔다가 60Km 속도로 수원에서 목포까지 갔잖아요. 차선 변경도 못해, 화장실도 못 가, 배는 고프고, 짜증은 나고, 뒤에서 차들은 빵빵거리지, 옆에 지나가면서 삿대질을 하지…. 십년 감수한 생각만 하면 치가 떨리네요. 지금은 과속도 하고 어디든 맘껏 다니고 있죠." 수원지역 원장도 말을 하고 나서 민망했는지 웃고 있었다.

"정답을 말씀하셨네요. 처음에는 속도를 낼 수 없지만, 조금씩 익숙해지면 더 빠른 속도에서도 주변 경치도 보고 옆 차선도 보면서 차선 변경도 할 만큼 여유가 생기죠. 어디 그 뿐인가요? 운전하면서 감히 딴 생각도 합니다. 그래서, 속도는 중요합니다. 빠른 속도는 집중력이 2.7배나 높아지면서 다른 생각을 못하도록 도와주죠. 그런데, 속도가 빨라도 엄청난 정보를 순식간에 스캔이 가능합니다. 우리의 뇌는 우리가 상상하는 것 이상으로 대단하죠. 더 중요한 것은 이렇게 일정 기간동안 3개 국어를 동시에 '빠른 속도로 큰소리 리듬읽기'를 하면 7세 이후에 브로카 영역과 베르니케 영역의 시냅스가 강화되면서 하나의 언어로 인식하게 됩니다. 쉽게 말해, 말하기 창고역할을 하는 브로카에서 모국어와 제2,3외국어의 경계가 모호해지면서 모국어나 외국어를 하나로 인식하게 된다는 겁니다. 굉장히 중요한 부분이죠." 연신 고개를 끄덕이며 원장들은 격하게 호응을 하기 시작했다. 언제 자신들이 까칠한 적이 있었냐 하는 눈치였다.

"여기서 잠깐 짚어야 할 부분이 있습니다. 바로 일정기간이라는 부분입니다. 이 일정기간 동안 아이들이 빠른 속도로 큰소리 리듬읽기를 해야 하는 것을 '익힘'이라는 문구와 연관을 지어보도록 하겠습니다. 얼마나 익혀야 하느냐의 문제만 남았습니다. 본능적으로 모방능력이 탁월한 아이들이 얼마나 익혀야 하는지가 관건이죠. 바로 1만번 이상 익힐 수 있어야 합니다."

다국어 동시 말하기, 유대인을 넘다

제 3법칙_
다국어 동시 말하기 코칭법 (3)

1만시간의 법칙은 심각한 오류를 범했다. 의미 없는 반복의 행위는 메타인지를 향상시킬 수 없는 법이다. 직장인이 달인이 되지 못하는 것과 같고, 평범한 사람이 비범한 사람이 되지 못하는 것과 같다.

_제임스 진, 폴 킴

"이제부터 1만번이라는 것과 익힘의 관계를 짚어보도록 하죠. 우리는 왜 자신의 삶의 틀에서 벗어나지 못할까? 다시 말해 평범함에서 비범함을 만들어내지 못한 채 발버둥만 치다 인생의 뒤안길로 사라지는 경우가 많을까? 하는 거죠. 너무 철학적이니 실제적으로 말해보죠. 영어 교육의 역사는 110년을 이어오고 있지만, 영어가 대중화되거나 아주 평범한 언어가 되지 못한 채 여전히 '평생교육'이라는 의미로 자리매김을 하게 되었죠. 아무리 유명한 1타 강사가 강의를 했던, 좋은 프로그램으로 교육을 했던 간에 제대로 말을 하지 못하죠. 결국은 외국어는 노출이니 해외 연수나 해외 생활을 해야만 가능하다는 의식만 고착화된 셈이죠. 우리가 모국어를 했던 방식을 정확하게 이해하고 지금의 코칭법을 적용하면 엄청난 외국어의 혁명이 일어날 수 있습니다." 이제는 누가 부탁을 하지도 않았는데, '적자생존'이라도 되는 냥 필기를 하기 시작했다.

"엄마라는 말을 몇 번해야 한다구요? 소문 들어서 아시죠? 맞습니다. 1만번입니다. 아이들은 '엄마라는 말을 만번 이상 옹알이를 하면서 '아빠'라는 말도 듣고 옹알이를 합니다. 하지만, 가장 많이 말을 해본 단어부터 입 밖으로 나오기 시작하죠. 이렇게 시작된 단어들이 일정기간 동안은 아주 조금씩 늘어납니다. 왜냐하면 발음하는 근육이 완성된 상태가 아니기 때문이죠. 1만번 이상씩 말하기 시작한 단어들과 운동신경과 연결된 입의 근육과 브로카 영역이 혼연일체가 되면서 생각하지도 않고 운동신경이 무조건 반사를 하는 것처럼 단어가 튀어나오기 시작하죠. 일정기간 따라했던 단어들의 모방활동이 1만번이라는 임계점을 지나면서 튀어나오고, 어느 수준에 이르면 새로운 단어나 문장을 1만번을 넘기지 않더라도 빠른 속도로 말을 할 수 있는 근육의 힘이 형성됩니다." 제임스와 폴은 교차 강의를 하면서 사람들의 시선을 집중시켰다.

"그래서, 아이들이 어느 순간 언어가 폭발하는 시기를 경험하게 됩니다. 이 시기에는 단어와 문장을 아주 자연스럽게 구사하고 단어들의 조합을 통해 새로운 문장을 만드는 능력도 함께 형성되기 시작합니다. 이 시기가 바로 4-7세까지입니다. 이때 평생에 사용할 단어와 문장을 자동으로 말할 수 있도록 언어적 사고장치가 심겨진다는 말이죠. 좀 더 정확하게 표현하면 이미 인간이 가지고 있던 언어적 사고장치를 사용하게 된다는 말이죠. 다만 어떤 언어를 이 장치에 소스로 넣어줄 것인지가 정해지지 않았기 때문에 사용을 기다리고 있었던 겁니다. 그래서, 우리는 죽을 때까지 평생 사용하는 단어와 문장을 '씨앗이 되는 단어와 문장'이라고 정의합니다. 모국어는 자신이 엄마를 통해서 형성된 단어와 문장이지만, 0-7세 사이에 외국어를 심어줄 경우에도 같은 방식으로 '씨앗이 되는 단어와 문장'을 가지고 잠자고 있는 '언어적 사고장치'를 깨워야 합니다. 그 과정을 얼마나 효과적으로 1만번 이상 시속해서 실현할 것인가를 고심한 부분이 바로 '익힘'이라는 것이죠." 그 어떤 말도 할 수 없을 만큼 완벽한 설명이었다. 수십년을 유아교육을 해왔던 원장들이지만, 실제적으로 외국어 교육을 깊이 있게 연구한 경우는 많지 않았다.

"이제야 정확히 이해가 됩니다. 우리가 이제까지 영어 프로그램을 하면서도 단 한번도 1만번 이상 말을 하도록 해 본 적이 없다는 사실을 알겠네요. 실제적으로 이런 관점으로 만들어진 프로그램이 없었다는 겁니다. 있다 하더라도 정확한 과학적 이론과 실재화 할 수 있는 교사 교육 자체를 할 수가 없었죠. 속이 시원하네요. 늘 했던 교육의 방향이 완전 뒤집어지는 느낌입니다. 반성이 많이 됩니다." 원장들인 이미 반성모드로 전환된 상태였다. 트집을 잡던 원장도 더 이상 할 말이 없다며 너무나 분명하게 설명을 해주니 감사하다는 말을 거듭했다.

"익힘을 위한 1만번 말하기는 유아들에겐 아주 쉽고 즐거운 일입니다. 얼마든지 모방을 하더라도 지루함을 모르는 천부적인 능력의 소유자들이기도 하지만, 저희 다국어 동시 말하기의 핵심 중에 하나가 바로 놀이중심이라는 사실입니다. 아이들이 다 국어를 교구 삼아 다양한 놀이를 통해서 말하기 활동을 하기 시작하면 놀라운 일들이 벌어집니다. 놀이는 유아들의 삶이며 세상과 사람을 이해하는 수단이면서 도구이기도 합니다. 놀이의 중요성이나 뇌 발달과의 연관성은 제가 여기서 설명하지 않더라도 훨씬 잘 이해하고 있으실 거라고 압니다. 모방 능력과 놀이활동이 탁월한 유아들에게 1만번 말하기가 과연 어려울까요?"

"아니요. 애들은 다국어 동시 말하기가 확실히 가능합니다. 다국어 동시 말하기 코칭법 안에는 과학적 원리가 있으면서 아주 간단하면서 강력한 다국어 습득 요령이 고스란히 담겨 있네요. 대한민국이 대단한 나라인 것만은 사실이네요. 세종대왕께서 당대에 한글을 창제하실 만큼 언어적 능력이 탁월한 우리들의 DNA를 두 분이 21세기 세종대왕처럼 한글 창제의 버금가는 다국어 동시 말하기 코칭법을 개발하셨다고 생각이 들 정도로 놀라운 시간이었다고 생각합니다. 지금 당장 저희 교육기관부터 진행을 하고 싶네요." 제품을 판매하려고 한 것도 아닌데, 이미 원장들은 매료가 되기 시작했다.

"커리큘럼이 있고 컨텐츠와 특강 강사만 있으면 영어 교육이 다 될 것이라고 생각했던 지난 세월이 허무하네요. 다른 방법이 있을지 고민하던 차에 귀가 솔깃한 내용을 들으니 희망이 생깁니다." 대한민국의 외국어 교육의 생태환경이 바뀔 불씨가 점점 확산되는 느낌이 들었다.

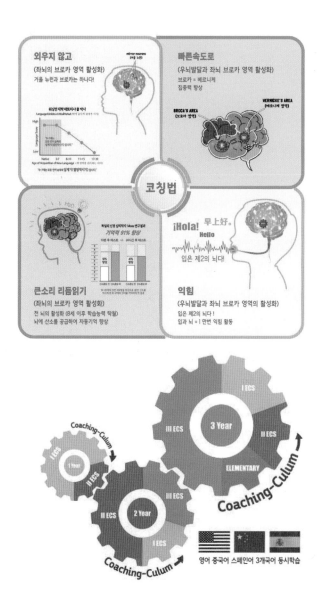

제 4법칙_
우뇌의 발달과 좌뇌의
브로카 영역의 활성화

세상과 사람의 총체적 정보가 우뇌와 좌뇌를 넘나들면 언어가 된다.
또한 언어는 세상과 사람 중에서 스스로를 분별하고 표현할 수 있게
한다. 그래서 언어는 사람이며 세상이다. _제임스 진, 폴 킴

"지금부터는 '외우지 않고 빠른 속도로 큰소리 익힘 리듬읽
기'를 우뇌의 발달과 좌뇌의 브로카 영역의 활성화라는 관점에
서 설명을 해드리고자 합니다. 앞 전에는 코칭법 자체에 대한
과학적 원리를 말씀드렸습니다. 이번에는 코칭법과 뇌 발달을
고려한 컨텐츠와의 연관성을 말씀드리고자 합니다. 많은 외국
어 관련 컨텐츠가 많지만, 정확한 코칭법이 없이 커리큘럼에만
의존하는 경향이 있죠." 모든 원장들이 '맞습니다'를 외치며 맞
장구를 쳤다.

"[다국어 동시학습 시스템]은 같은 의미의 단어와 문장을 이
미지(각 나라문자 포함)와 음원을 통해 언어변환시스템을 거쳐 동
시에 4개국어를 할 수 있도록 구성된 컨텐츠이며 모든 문장을
1만번 이상 말할 수 있도록 스피드 카드와 다국어 동시 말하기
챈트와 놀이 그리고 가정연계를 통해 익힘 활동을 할 수 있도록
짜여진 코칭 체계입니다." 언어변환시스템, 코칭큘럼 등과 같

은 신조어가 나오자 모두들 귀를 쫑긋 세우며 이해하려고 눈빛을 반짝거리고 있었다.

"'같은 의미의 단어와 문장 이미지'는 쉽게 생각하면 이렇습니다. 같은 의미와 문장이기 때문에 각각의 언어별로 이미지가 동일합니다. 하지만, 0-7세까지 우뇌가 탁월한 시기인 아이들은 각 나라의 언어조차도 다른 이미지로 인식합니다. 물론 음원도 각각 다른 소리로 인식하죠. 이미지는 동일한데 하나는 영어로, 또 다른 하나는 중국어로, 세번 째 이미지는 스페인어로, 마지막 이미지는 영어.중국어.스페인어가 동시에 보여지는 종합편으로 구성되었습니다. '빠른 속도로 큰소리 리듬읽기'라는 방식을 적용해서 다국어를 동시에 익히게 되면 각각의 이미지와 음원은 빠르게 우뇌에 저장이 됨과 동시에 언어조차 이미지로 인식하기 때문에 전체 이미지에서 다른 이미지지와 음원을 찾아내는 주의력과 집중력이 자연스럽게 형성됩니다. 같은 그림안에서 다른 점을 찾아내는 능력이 탁월해지는 것과 같은 원리라고 생각하시면 됩니다. 특히 주의력과 집중력은 문제해결 능력을 향상시키는 가장 좋은 방법입니다. 다중언어구사자들의 실험결과에서도 모국어만 사용하는 사람들보다 주의력과 집중력이 탁월하다는 실험결과들이 많이 나오고 있죠." 한 치의 오차도 없이 제임스와 폴은 설명을 했다.

"이와 동시에 이미지와 소리에 대한 정보를 좌뇌의 브로카 영역에서는 말을 하면서 우뇌와 좌뇌 사이에 정보를 서로 교환

합니다. 뇌의 모든 작용을 극단적으로 표현하기란 어렵지만, 언어습득 과정을 가장 심플하게 이해하기 위한 설명이니 오해는 없으시기 바랍니다. 우뇌의 정보를 좌뇌의 브로카 영역인 말하는 뇌에서 표현해보고 싶은 본능이 작동하고 있다고 보시면 됩니다. 거울 뉴런과 브로카 영역이 겹쳐 있기에 뇌 발달은 이런 모방의 과정에서 자연스럽게 이뤄지게 됩니다." 누군가가 이의를 제기하려고 했지만 정확히 무엇을 말해야 할지 몰라 바라만 보고 있었다.

"이렇게 '빠른 속도로 큰소리 리듬읽기' 방식으로 이미지와 음원을 활용하면 우뇌의 발달을 지속하면서 좌뇌의 브로카 영역을 활성화할 수 있죠. 이러한 코칭법은 우뇌와 좌뇌 모두가 익힘(모방)의 방식을 유지할 수 있도록 하기 때문에 우뇌가 좌뇌에 확장되는 효과와 좌뇌가 우뇌를 활용해서 다양한 언어적 표현을 할 수 있는 천재성이 유지될 수 있습니다. '외우지 않고 빠른 속도로 큰소리 리듬읽기'와 같은 의미의 단어와 문장을 표현한 이미지와 음원을 활용하여 여러 나라의 언어로 인식될 수 있다면 대량의 정보안에서 차이점을 구분할 수 있는 우뇌의 발달과 지속적으로 다국어를 말하면서 이미지와 연결시키려는 뇌 활동은 좌뇌의 브로카를 활성화하는 최고의 기술이 되는 겁니다." 곳곳에서 탄성이 흘러나왔다. 도대체 이런 사실을 외국어 교육을 하면서 단 한번도 들어본 적이 없었다.

"아직 놀라기에는 이르죠. 플래쉬 카드는 '빠른 속도로 리듬읽기'와 거의 동일한 방식으로 빠른 속도로 지나가면서 이미지와 음원 정보를 우뇌에 저장하는 방식입니다. 그렇지만, 큰소리로 읽기를 하지 않는 경우가 많죠. [다국어 동시학습 시스템]에서는 기존의 플래쉬 카드의 단점을 보완해서 뇌 발달에 적극적으로 활용했습니다 우선, 스피드 카드를 할 때는 늘 처음부터 마지막까지 익혔던 단어와 문장을 하도록 했죠. 더불어 반드시 '큰소리 리듬읽기'방식을 함께 하도록 했습니다. 이렇게 했을 때, 우뇌의 이미지와 소리 그리고 직감 중심의 익힘의 본능과 좌뇌의 말하기 중심의 익힘의 본능을 어른이 된 후에도 지속적으로 유지하게 됩니다. 이렇게 형성된 익힘의 능력은 주의력과 집중력 그리고 몰입력과 창의성 뿐만 아니라 문제해결능력이 탁월해지는 근원이 됩니다. 얼마나 엄청난 능력의 소유자가 되는지 상상도 못 하실 겁니다. 덤으로 스피드 카드를 활용해서 '빠른 속도로 리듬읽기'를 하면 자연스럽게 '외우지 않고'가 실현됩니다." 어떻게 코칭법이 우뇌와 좌뇌 발달에 도움이 될까? 라는 의문에 정확한 답을 준 셈이다.

"아참, 한 가지 잊고 있었네요. '외우지 않고'는 베르니케를 사용하지 못하도록 뇌에 하나의 장치를 하는 의미도 포함하고 있죠. 교사도 빠른 속도로 지나가야 하니 원생들에게 외울 기회를 줄 수 없겠죠. 다시 말씀드리지만, 우뇌로 많은 정보를 받아들이고 좌뇌로 표현해보려는 본능을 가진 아이들을 절대로 어른의 뇌처럼 이해하고 외우게 만들지 않아야 합니다."

교육관계자는 다국어는 한국에서 필요가 없다고 생각했다. 입시가 치열한 한국 사회에서 진학과 연계성도 없는 다국어를 할 이유와 필요성을 전혀 느끼지 못했기 때문이다. 제임스와 폴의 설명은 대한민국의 아이의 미래를 말하고 있었다. 이들은 단순히 진학과 취업이 아닌 스스로 자신의 미래를 만들어 갈 수 있는 원천기술인 익힘의 능력을 만들어주려고 한다는 사실을 이제야 조금씩 인식할 수 있었다.

다국어 동시 학습 시스템

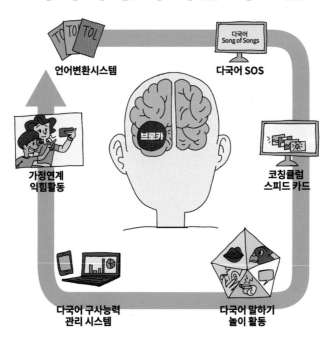

놀이는 아이들의 언어이며 삶이다. 놀이 안에서 표현된 모든 것이 앞
으로 어떤 삶을 살지, 어떤 존재가 될지 알려주는 청사진과 같다.

_제임스 진, 폴 킴

전국을 다니며 [다국어 동시학습 시스템]을 알리는 계기가 되
었지만, 제임스와 폴은 늘 생각했다. 단순히 다국어 몇 마디를
하는 차원의 문제가 아니라는 사실이다. 다국어를, 특히 다국
어를 동시에 말을 하는 훈련은 개인역량을 통한 국가 경쟁력의
기반을 완전히 바꾸는 일이기도 하다. 다국어를 어릴 때부터
한다는 것은 유대인들의 외국어 교육생태환경과 유사하지만 한
국형 외국어 교육생태환경이 새롭게 조성되는 일이기도 하다.
그러기 위해서는 사람들의 인식을 변화시키는 계몽운동과 뜻을
같이하는 교육 관계자들의 지속적인 노력 그리고 누군가의 아
낌없는 지원이 있어야만 단순히 유행하는 트랜드로 남지 않고
[다국어 동시 말하기]라는 문화가 형성된다. 이러한 문화가 형
성되어야 비로소 교육생태환경이 개선되기 시작한다.

조금씩 유명인사가 된 제임스와 폴은 학술연구회 성격을 띤
한 모임을 가게 되었다. 모임의 회장이신 조 대표는 [메타인지
학습법]에 대해 설명을 하고 있었다. 설명의 요지는 자신이 알

고 있는 것과 모르는 것을 가장 확실하게 파악하는 방법은 누군가에게 설명을 해야 한다는 취지였다. 조 대표는 자신의 브리핑이 끝나자, 제임스와 폴에게 소감을 물었다. 첫 참석이라 조심스럽지만, 대한민국의 교육을 생각하는 분들과 다양한 생각을 공유하는 것이 필요하다고 생각했다.

"우리가 알고 있는 메타인지는 자신이 알고 있는 것과 모르는 것을 스스로 아는 능력이죠. 그러나 더 중요한 것은 메타인지를 향상시키는 것이라고 생각합니다. 조 대표님의 설명도 그런 취지라고 생각하고 있습니다. 좀 더 범위를 넓혀서 메타인지향상은 의식과 잠재의식에 존재하는 직감이나 창의 그리고 다양한 정보들을 구체화하는 작업이라고 생각합니다. 구체화하기 위한 방법은 다양하겠죠. 그림이나 글 그리고 영상이나 말과 같은 표현의 수단은 모두 가능합니다. 실리콘 벨리나 유대인들의 학습모델을 통해 4차산업혁명이 불러온 교육의 변화에는 공통점이 있습니다. 모든 지식을 몸과 입으로 표현하려고 한다는 점이죠. 왜 그들은 디지털 시대에 아날로그 방식처럼 느껴지는 몸과 입을 통해서 모든 지식을 익히려고 할까? 이 부분은 추가로 더 말씀드릴 내용들이지만, 놓치지 않아야 할 부분이 있습니다." 학술연구회에 참석한 이들은 두 사람의 존재를 정확히 인식하지 못하고 있었고, 가볍게 소감이나 듣는 것으로 생각했다가 호기심이 발동하기 시작했다.

"우뇌를 적극적으로 자극하는 행위와 좌뇌의 표현영역인 브로카를 활성화하는 움직임을 메타인지와 연결시켜서 생각해보시면 아주 흥미로운 것들을 발견할 수 있죠. 저희는 유아들을 통해서 더욱 재미있는 현상을 보고 있습니다. 여러분도 알다시피, 0-7세 사이에 유아들은 1,400억개의 뇌세포를 사용한다고 합니다. 이런 상태는 그 자체가 전 뇌가 활성화된 상태이기 때문에 메타인지가 높을 수밖에 없는 존재들이기도 하죠. 이런 천재 아이들에게 메타인지를 자극하고 향상시키는 방법을 연구했더니 '놀이'라는 사실을 알게 되었습니다. 물론 신체놀이가 뇌발달과 연결되었다는 사실은 모두가 알고 있습니다. 더불어, 뇌 발달과 연령에 따라 변해가는 놀이활동이 깊은 연관성을 가지고 있습니다. 0-7세까지 놀이의 특징은 탐색하고 반복하는 놀이활동을 좋아하다가 상상놀이와 역할놀이를 좋아하는 쪽으로 자연스럽게 흘러갑니다. 저희는 새로운 실험을 해봤습니다. 다양한 교구를 사용하지 않고 다국어 자체가 교구가 될 수 있도록 놀이를 구성했죠. 결과는 대만족이었습니다." 학술연구회에 참석한 대부분의 지식인들이 웅성거리기 시작했다. 메타인지 향상이라는 주제로 유아들에게 실제적으로 적용한 사례가 많지 않을 뿐만 아니라 다국어 자체가 교구로써 활용된다는 점이 이들을 흥분하게 만들었다.

"로저 카이와의 놀이조건과 요코미네 4대 스위치를 활용하여 아주 간단한 놀이와 그 놀이의 확장과 응용 그리고 협업까지 고려하여 메타인지 향상이라는 알고리즘을 구성했습니다. '앵무새 따라하기'라는 놀이는 아주 간단합니다. 누군가가 말한 다국어를 '앵무새 역할'을 맡은 친구가 그저 즐겁게 따라하는 겁니다. 굉장히 쉬운 놀이죠. 익숙해지면 응용을 해서 단체적인 앵무새가 한 사람의 다국어 표현을 따라하도록 합니다. 더 익숙해지면 자동으로 다국어 표현의 개수를 늘려갑니다. 아이들은 절대로 외울 수 없는 존재들이기 때문에 자신이 말을 많이 해본 다국어 표현들이 자연스럽게 흘러나올 수밖에 없죠. 엄마라는 말 다음에 아빠라는 말이 나오듯이 말이죠. 앵무새 따라하기만 했을 뿐인데, 다국어 표현은 점점 더 많이 나오기 시작합니다." 간단한 놀이 안에서 말하는 연습이 자연스럽게 되고 있다는 점과 '안다'와 '모른다'와는 상관없이 그냥 입에서 자동으로 나오는 말을 하고 있는 것이 메타인지와 연관성이 있을까라는 의문이 있었다. 또한 아무런 의미도 없이 사용하는 다국어 표현들이 과연 실제 상황에서 제대로 알고 사용할까라는 의문의 꼬리는 길어지고 있었다. 제임스와 폴은 이들의 의문과는 상관없이 설명을 계속했다.

"이런 단계에 있던 아이들에게 기차놀이를 해봅니다. 앵무새 놀이를 단체로 확장시킨 거죠. 기차놀이를 하면서 순서대로 한 명씩 자신이 알고 있는 다국어를 말하면 다른 친구들이 '칙칙폭폭'대신 다국어를 따라합니다. 각자 알고 있는 다국어 표현을 다 해보도록 합니다. 애들은 즐거운 놀이를 하고 있는데, 규칙이 있다는 사실을 알게 됩니다. 바로 입에서는 말을 하고 있어야 한다는 겁니다. 앵무새와 기차놀이 모두 놀이의 형태는 다르지만, 기본적인 흐름은 모방을 통한 익힘 활동을 하고 있습니다. 이번에는 '1일 다국어 코치'라는 역할놀이를 해봅니다. 한 명이 다국어 코치가 되고 나머지 친구들은 코치가 알려준 다국어 표현을 앵무새처럼 큰소리로 따라합니다. 이런 일련의 놀이활동을 하면서 아이들을 관찰했습니다. 아이들의 뇌 활동이 2배 이상 향상되었고, 입에서 다국어가 나오는 개수가 시간이 지날수록 훨씬 많아진다는 점을 발견했죠. 메타인지 향상은 아주 자연스럽게 진행되고 있었습니다. '學'이라는 틀이 아닌 '놀이'라는 환경안에서 즐거움이라는 뇌자극은 메타인지 향상을 자연스럽게 이끌어 내고 있었죠." 참석한 사람들은 크게 술렁이기 시작했다. 뭔가 예사롭지 않은 분위기가 느껴지면서 연구진의 목소리가 흘러나왔다.

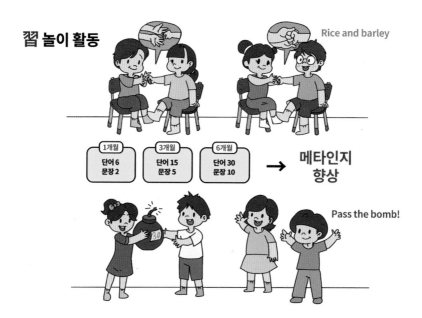

뙵 놀이 활동

Rice and barley

1개월	3개월	6개월
단어 6 문장 2	단어 15 문장 5	단어 30 문장 10

→ **메타인지 향상**

Pass the bomb!

제 6법칙_
지식기반과 암묵적 지식

암묵적 지식은 의식 너머의 잠재의식에서 불러온 지식으로 어떠한 이론이나 규칙으론 설명할 수 없다. 창조주가 인간에게 언어를 암묵적 지식의 형태로 익혀지도록 한 것은 영원한 삶과 관계가 깊다.

_제임스 진, 폴 킴

"전혀 이해가 안됩니다. 모순이 존재하고 있다는 뜻입니다. 메타인지는 스스로 알고 모르는 것을 아는 능력인데, 아이들은 자신들이 사용하는 말들의 의미를 전혀 모르는데, 어떻게 메타인지와 향상이라는 개념이 존재할 수 있죠?" 역시 예리한 질문이었다.

"우리가 말하는 메타인지는 베르니케가 작동해서 알고 모른다는 의미를 갖고 있죠. 그러나 유아의 메타인지는 브로카 영역에서 입으로 나오는 것을 의미합니다. 유아들은 의미를 모르면서도 입에서 나오는 대로 말하는 것이죠. 그렇다면, 브로카 영역에서 나오는 다국어의 개수가 늘어난다는 것은 무엇을 의미하는지 생각해봐야 합니다." 청중들은 다시 집중하기 시작했다. 전혀 예상치 못했던 설명을 듣게 되자 호기심이 다시 작동했다.

"지식기반은 암묵적 지식에 영향을 미치고 메타인지 또한 암묵적 지식에 영향을 미친다고 합니다. 다국어 관점에서 지식기반을 생각해봅시다. 각 나라별 같은 의미의 다국어 단어와 문장을 음원과 함께 우뇌에 저장함과 동시에 음원을 모방하면서 말하기를 통해 브로카 영역에 저장한다는 것은 생각하지도 않고 여러 나라의 말을 할 수 있다는 의미를 갖게 합니다. 다양한 나라의 언어가 생각하지도 않고 표현된다는 것은 이미 암묵적 지식의 형태로 입에 익혀진 상태를 의미합니다. 물론 여전히 말의 규칙이나 문법 그리고 정확한 의미는 모르고 있죠." 잠시 청중을 바라보며 반응을 살폈다. 고요함과 적막감이 흘렀지만, 답답함이 아닌 긴장과 호기심이 뒤섞인 묘한 분위기였다. 제임스와 폴은 다시 말을 이어갔다.

"7세까지의 유아들은 우뇌 중심으로 이미지와 상상으로 저장된 엄청난 정보가 좌뇌의 브로카 영역의 말하기 중심으로 재가공 된 정보로 저장됩니다. 7세 후반부터 브로카 영역에 있던 정보가 베르니케 영역(이해하는 뇌)의 시냅스와 연결되면 이론과 실제가 하나로 일치되면서 언어적 폭발이 일어나게 됩니다. 왜냐하면 브로카 영역에서 형성되었던 암묵적 지식이 이성적으로 이해하는 영역인 베르니케와 연결이 강화되면서 메타인지는 급상승하게 됩니다. 의미도 모른 채 지식기반의 다국어 정보가 말을 통해 암묵적 지식으로 표현되고 베르니케와 연결이 되면서 메타인지가 향상됩니다. 이는 생각하지 않고도 의미를 알고 사용하는 단어와 문장이 많아지면서 암묵적 지식이 높아지게 된다는 뜻입니다." 제임스와 폴의 설명을 마치자 청중들은 또다시 웅성거리기 시작했다.

"굉장히 흥미로운 설명을 하셨다는 생각이 듭니다." 조 대표는 솔직히 너무나 당황하면서도 놀라는 기색이 역력했다.

"지식기반과 메타인지 그리고 암묵적 지식과의 관계를 이렇게 풀어서 설명을 해준 사람이 없었던 것 같습니다. 늘 생각했던 방식대로 메타인지를 생각했고, 메타인지를 활용한 학습법만 관심을 갖고 있었다는 사실에 부끄럽다는 생각이 드네요. 유아들이 왜 지식기반과 메타인지 그리고 암묵적 지식이 탁월한 존재인지 느낄 수 있었고, '외우지 않고 빠른 속도로 큰소리 익힘 리듬읽기'라는 코칭법의 과학적 원리와 놀이중심으로 다국어 동시 말하기를 함으로써 우뇌 발달 중심으로 좌뇌 브로카 영역의 활성화를 구체적으로 실현했다는 생각이 듭니다. 이런 모든 과정들이 지식기반으로 메타인지가 향상되면서 암묵적 지식의 형태로 자동으로 습득될 수 있도록 했다는 사실이 생각할수록 신기하고 신선하다는 생각이 듭니다." 모두의 반응이 의외였다.

"하나만 더 질문을 해도 될까요?" 모순이라며 따졌던 연구원이 다시 질문을 했다.

"너무나 감동적이고 논리적인 설명에 감사드립니다. 그런데, 이미 베르니케가 활성화된 우리는 어떻게 지식기반과 메타인지 그리고 암묵적 지식을 향상시킬 수 있을까요? 지금까지 우리들이 설명했던 방식이 아닐 수도 있다는 생각이 들어서요."

"정말 좋은 질문입니다. 지식기반과 메타인지 그리고 암묵적 지식의 핵심은 우뇌자극과 좌뇌 브로카 영역의 활성화입니다. 이것을 실제화 하려면 역시나 '외우지 않고 빠른 속도로 큰소리 익힘 리듬읽기'코칭법을 활용해야 합니다. 외우지 않게 하기 위해서 빠른 속도로 읽어야 하고, 빠른 속도로 읽어야 하니 생각할 시간도 없이 사진 찍듯이 단어와 문장을 눈으로 찍고 넘어가야 하겠죠. 이 모든 과정속에는 자연스럽게 큰소리로 읽으면서 몸이나 손을 움직이며 두뇌에 산소를 공급하는 단순한 행동을 반복하고 있을 겁니다. 일정량을 빠른 시간에 큰소리로 읽고 난 후, 30초나 1분안에 방금 읽었던 단어나 문장 중에서 떠오르는 것들을 입으로 표현해보는 겁니다. 물론 '모닝'이라는 단어가 생각났으면 멈추지 않고 계속 '모닝'을 말하다가 다른 단어나 문장이 떠오르면 그때서야 다른 단어와 문장을 입으로 계속 말하는 겁니다." 모두들 제임스와 폴이 말한대로 입으로 웅얼거리면서 연습해보는 행동을 하면서 신기하다는 표정을 지었다.

"이것이 일반인들이 외국어를 마스터 할 수 있는 유일한 길이죠. 이미 어른이 된 뇌에는 절대적으로 '베르니케'를 의존하려는 경향이 강합니다. 이성적으로 이해하고 논리적으로 분석하려는 베르니케는 언어학습에는 도움이 되지만, 언어습득에는 브로카 영역을 절대적으로 활용해야 합니다. 언어습득이 제대로 형성되었을 때, 언어학습도 시너지효과가 있습니다. 다시 말해, 초등3학년 이후부터는 베르니케가 활성화 된 상태이니 2개 이상의 언어를 동시에 하기가 어렵습니다. 그래서, 제1 외국어를 통해 브로카를 활성화해서 생각하지 않아도 제1 외국어가 나오도록 한 후에 제2, 제3 다국어를 동시에 익히도록 코칭 해 줘야 합니다." 청중들은 손을 들며 코칭을 받고 싶다며 주문이 쇄도했다. 언어라는 것을 통해 지식기반의 메타인지와 메타인지와 암묵적 지식과의 관계를 적나라하게 파헤치자, 학술연구회는 활기를 띤 분위기였다. 또한 자신들이 머리 속으로만 가지고 있던 영어나 외국어 지식이 입에서도 나오기를 갈망하고 있다는 사실을 느낄 수 있었다.

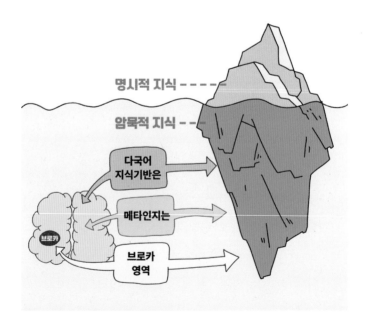

제 7법칙_
놀이와 익힘의 선순환

놀이는 즐거움의 시작이며 익힘은 즐거움의 끝이다. 결국 즐거움은 놀
이와 익힘과 하나이며 또 다른 표현이다. 우리에겐 언어가 지식이 아닌
놀이가 되는 시간이 절대적으로 필요한 이유다. _제임스 진, 폴 킴

연구진들은 새로움에 대한 호기심이 대단했다.

"아이들이 왜 놀면서 배우는지 알 것 같습니다. 그런데, 우뇌
와 특히 좌뇌의 브로카와 베르니케를 상당히 강조하시는 이유
가 궁금하네요."

"오늘 초대 손님으로 왔다가 신고식을 하는 느낌이 드네요."
제임스와 폴은 재치있게 웃으면서 부연 설명을 하기 시작했다.

"만약에 말이죠. 우리가 기억하지 못했던 모국어 습득의 비
밀을 발견했다면 그 비밀을 언제 적용하는 게 가장 좋을까? 라
는 생각을 해봤습니다. 천재성이 있고 암묵적 지식으로 모든
것을 입과 몸으로 표현할 수 있는 시기 그리고 세상과 사람으로
인해 고정관념이 형성되기 전에 무한한 가능성과 능력이 있음
을 스스로 체득하면서 이러한 경험이 익힘의 능력으로 자리매
김될 수 있는 대상에게 적용하는 게 가장 효과가 좋겠죠."

"유아 시기에 브로카 영역의 특징은 우뇌의 정보를 좌뇌의
언어영역에서 말하기 중심으로 표현하려는 본능을 가지고 있

죠. 본능은 생각없이 무조건적으로 반응하는 것과 같은 행동을 의식하지 않고 반복적으로 하는 것이기도 합니다. 더 중요한 것은 본능은 지루하다는 개념이 없다는 겁니다. 거울 뉴런과 하나로 겹쳐 있는 브로카 영역이 모방을 본능으로 하고 있기 때문에 지겹다는 느낌을 모르는 시기에 익힘의 능력을 심겨주는 것과 뇌 발달을 자극하는 일석이조의 그 무엇인가를 만들어 주자는 거죠." 모두들 숨조차 쉬지 않고 듣고 있었다. 인간이 왜 무한한 가능성이 사라지고 특정인만 성공이나 달인의 길을 가는지 궁금하던 차에 연관성이 있다는 생각을 하고 있었는지 모른다.

"4-7세 사이에 아이의 재능을 발견하기란 쉽지 않죠. 하지만, 아이에게 다양한 언어를 접하게 하는 것은 쉽습니다. 언어를 모방함으로써 뇌 발달의 90%가 이뤄지는 시기, 지루함을 모른 채 1만번 이상을 모방할 수 있는 유일한 시기에 다국어와 놀이활동은 엄청난 시너지 효과를 일으키죠. 놀이를 하면서 말을 하고 말을 하면서 놀이를 하는 과정은 유아들의 삶 자체입니다. 그래서, 앞에서 언급했듯이 다양한 놀이를 하는데 다국어가 교구가 되는 환경은 아주 중요합니다." 연구진들은 서서히 다국어와 놀이의 관계를 정립하기 시작했다.

"아이들 사이에서 놀이에 참여하는 조건은 입에서 다국어를 말하는 거죠. 놀이의 익숙함과 다양성이 연령별로 이뤄지면서 언어가 놀이가 되는 경험을 3-4년동안 하게 되면 무슨 현상이 일어날까요?"

"아무래도 외우지 않고 놀면서 다국어를 하고 있으니 스트레스가 없을 것 같고, 무엇보다 다국어가 재미있다는 추억을 갖게 되지 않을까요?" 연구진들의 반응이 사뭇 흥미로웠다.

"그렇죠. 모방능력이 탁월하고 익히는 것을 지루하게 느낄수 없는 시기에 다국어와 놀이가 생활화 된다면 다국어와 놀이가 모방이 되면서 지루함을 경험하지 못한 채 익혀져 가는 즐거움을 경험하게 됩니다. 즐거움에는 생동감이 있죠. 또한 즐거움에는 창의성이 함께 흐르고 있거든요. 이때의 경험이 평생을 좌우한다는 말입니다. 다국어는 놀이이고 놀면서 익힘이라는 능력이 자연스럽게 형성되어 있다는 사실이죠. 살면서 자신의 재능이나 무엇인가에 호기심이 생겼을 때, 놀면서 익혔던 익힘의 능력이 작동하기 시작합니다. 이것이 핵심입니다. 의식이나 자아가 형성되어 가는 시기에 즐거움의 형태로 익힘의 능력이 형성되었다는 것을 경험했다는 것은 삶을 살면서 겪어야 할 모든 문제를 긍정적으로 극복하는 마인드까지 형성되었다는 의미입니다." 다국어라는 매개체로 인생 전체를 짚어보고 있었다.

"하지만, 이 시기(4-7세)에 우뇌 발달과 좌뇌의 브로카 영역을 활성화하지 않고, 좌뇌의 베르니케를 자극한다면 엄청난 손실을 보게 됩니다. 우뇌는 7세 이후부터 기능과 역할이 자연 감퇴됩니다. 좌뇌의 사용이 늘어나는 현상과도 무관하지 않습니다.

자연 감퇴가 일어나기도 전에 좌뇌의 베르니케를 활성화하기 시작하면 우뇌 기능과 역할의 감퇴 시기가 더욱 빨라집니다. 게다가 베르니케가 강화되면 브로카 영역 마저도 사용량이 줄어들면서 이성적으로 이해되지 않으면 말을 하지 않으려고 할 뿐만 아니라 '안다'라는 개념이 형성되면서 입으로 표현하는 익힘의 과정을 굉장히 지루하게 느끼게 됩니다. 결국, 우뇌의 엄청난 정보량을 좌뇌의 말하기로 표현하지 못한 채 바로 이해하는 과정으로 넘어가면서 문자나 철자와 같은 개념안에 상상력이나 창의성이 갇히게 되는 불상사가 발생합니다." 모두들 고개를 끄덕이며 경청하고 있었다.

"정리하면, 다국어 동시 말하기와 놀이가 우뇌 중심의 좌뇌의 브로카 영역을 활성화하는 코칭법이 만나면 아이들은 다국어를 놀이처럼 인식하고 즐거움안에서 익힘의 능력을 형성하게 된다는 의미입니다. 그 익힘의 능력으로 미래사회를 살아갈 글로벌 인재로 성장하도록 도와주는 게 기성세대가 아이들에게 줄 교육환경이라고 생각합니다."

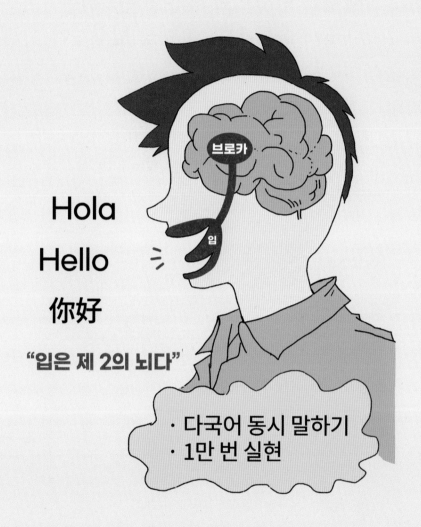

생명의 법칙으로 자라고 변화하는
다국어 동시 말하기 현장 탐방일지

태초에 말씀이 있었다. 말씀을 통해 세상과 사람은 창조되었다. 사람이 창조주에 사랑을 표현할 수 있도록 언어를 주셨다. 인류이 시작은 언어가 하나였고 뜻도 하나였다.

첫 달_ 기대와 우려의 첫 만남

2개월 차_ 전국에 울려 퍼지는 다국어 Song of songs

3개월 차_ 아이들이 다국어 동시 말하기 증인이 되기 시작하다

6개월 차_ 다국어가 놀이가 되다

1년 차_ 씨앗이 되는 단어와 문장이 심겨지다.

1년 3개월 차_ 다국어 폭발 시기를 경험하다

1년 6개월 차_ 다국어로 외국어의 원천기술이 되다

※QR 코드 영상은 이벤트 기간에만 제공되며, 이후에는 출판사로 문의주시기 바랍니다

첫 달_
기대와 우려의 첫 만남

인천. 경기도를 거쳐 전국으로 확산되면서 200여곳의 교육기관에서 일제히 시작된 다국어 동시 말하기는 화려하지 않았지만, 대한민국 최초로 [다국어 동시학습 시스템]의 돛을 올린 채 험난한(?) 항해를 시작했다. 처음이라는 기대도 있지만, 처음이기에 기존의 교육과 비교되며 엄청난 후폭풍(?)이 올 수도 있다는 우려 속에 첫발을 내디뎠다.

각 지역별로 준비사항을 체크하면서 다국어 동시학습 시스템 안에 컨텐츠 누락이 없도록 만반의 준비를 했다. 그럼에도 불구하고, 1주간의 폭풍전야를 거치면서 서서히 지역별로 기관총부터 대포까지 [다국어 동시 말하기 프로젝트]를 겨냥한 온갖 화포가 날아오기 시작했다.

"영어도 어려운데, 괜히 다국어를 한다고 해서 학부모 불평이 이만저만이 아니네요. 당장 오셔서 불평을 해결하세요! 발음이 이 모양이냐고 난리입니다. 당장 오세요." 전라도에 있는 교육기관장은 화를 주체하지 못한 채 씩씩거리며 언성을 높였다. 제임스와 폴은 이미 예상했던 바라 담담하게 응대를 했다. 드디어 대한민국 유아교육을 대상으로 외국어 교육 고정관념과 전쟁이 선포된 셈이었다. 지체하지 않고 현장으로 날아갔다.

현장에는 화가 난 학부모와 진정시키느라 분주한 원장과의 묘한 기류가 있었다.

"우리 자녀들에게 좋은 교육을 해주고 싶은 부모의 마음이 느껴집니다. 여기 부모님들은 자녀가 세상에서 큰 사람이 되기를 바라는 마음으로 많은 경험을 할 수 있도록 지원하고 있으시죠. 창의적이고 똑똑한 아이가 될 수 있도록 견문을 넓히기 위해 여행을 가고 태권도, 수영, 피아노 등등 다양한 예체능을 하기도 합니다. 태권도와 피아노를 처음 익히는 자녀에게 동작이나 손가락 위치가 잘못했다고 지적하시나요?" 모두들 전혀 그렇지 않고 좋은 경험이 될 수 있도록 다그치지 않는다고 했다.

"그럼, 왜 유독 외국어 교육에는 자녀들의 발음까지 지적을 할까요?"

"그야 당연하죠. 외국어 교육이 피아노랑 태권도처럼 예체능 과목도 아니고, 공부를 해야 하고 초등학교랑 연계가 돼야 하니까 중요하잖아요." 5세 학부모님이 딱 부러지게 말하자, 모두들 맞다며 맞장구를 쳤다.

"그렇군요. 모국어도 그렇고 외국어도 예체능처럼 기술을 연마하는 과목입니다. 왜냐하면 생각하지 않고 입이 말을 해야 하는 것은 똑같기 때문입니다. 기술을 연마하는 과정에는 잦은 실수가 발생하면서 개선되는 여정을 겪어야 하죠. '엄마'를 짧은 기간에 정확하고 분명하게 발음했던 기억이 있으시나요? 그렇지 않을 겁니다. '어~~머~~마'라고 하는지 정확히 알 수 없는 옹알이를 1만번 이상 하더니 어느 순간에 정확한 발음으로 '엄마'라고 하게 됩니다. 심지어 엄마가 시골 사투리를 사용하더라도 '엄마'라는 말을 많이 따라해본 친구는 순식간에 발음을 교정하기도 합니다. 아이들이 다국어라는 생소한 나라별 음원을 듣고 따라해보는 과정에서 들리는 만큼 옹알이를 한다고 생각하시면 마음이 좀 편해지지 않을까요?" 살짝 공감하는지 묘한 분위기가 가라앉는 느낌이었다.

"특히나 아이들이 왜 영어는 하지 않고 중국어, 스페인어를 더 많이 말하는 것처럼 들리는지 아세요?" 다들 눈만 깜빡깜빡하고 있었다. 그것도 이상했다. 영어를 훨씬 더 많이 듣고 말을 했을 건데, 집에 와서는 중국어와 스페인어만 하는 것도 불만이기도 했다.

"그 원인은 부모에게 있습니다. 제 말이 기분 나쁘시겠지만, 사실입니다. 예전에 영어만 할 때 애들이 집에 와서 영어로 말하면 발음이나 해석이 틀리면 지적하시고 가르치셨죠?" 모두들 뜨끔했는지 아무 소리도 하지 못했다.

"애들도 부모가 지적할 수 없는 중국어와 스페인어로 말하는 요령이 생긴 겁니다. 여기서 잠깐! 지적이나 가르치지 않은 중국어와 스패인어는 더 많이 말을 하고 있다는 사실입니다. 말을 해보려고 모방하고 있는 자녀들에게 정확하게 말하라고 지적을 하시면 모방의 즐거움이 사라지죠. 뭐든 흉내내는 능력이 탁월한 자녀들에게 그것을 하지 말라고 하는 것은 교육을 하지 않겠다는 것과 마찬가지입니다." 그제서야 부모들의 오해가 풀리면서 자신들의 생각이 얼마나 짧았는지 창피함을 느꼈다.

"부모님이 자녀들이 다국어를 익히는 과정에서 가져야 할 마음은 가장 먼저 새로운 경험을 제공한다고 생각해야 합니다. 다국어를 해본다는 것은 교육적, 뇌과학적 가치를 떠나서 자녀가 새로운 문화를 언어로 접해본다는 것이죠. 둘째는 부모님이 자녀들에게 모국어를 익히도록 도와주었던 기억을 되살려야 합니다. 자녀가 앵무새처럼 한국말을 계속 말을 따라하도록 했듯이 자녀들이 집에서 다국어로 말을 하면 부모님이 자녀가 되어 앵무새처럼 따라 해보는 놀이를 해주세요. 자녀들이 교육기관이나 집에서 자꾸 다국어를 사용한다는 것은 '다국어는 모국어다'라는 인식이 자연스럽게 형성되는 겁니다. 다문화 가정이 아니더라도 이런 환경이 형성되면 우리 모두에게 대박이죠." 한바탕 웃음꽃이 폈다. 자녀들의 다국어 동시 말하기를 접하는 것이 학습이 아닌 문화적 차원이라고 생각했는지 부모들의 발걸음이 가벼워졌다. 원장도 그제서야 비로소 안심이 되는 듯 웃음을 보였다.

이번에는 부산 지역으로 날아갔다. 인생지사 새옹지마라고 하지 않았던가? 전라도에서 전쟁을 치르고 경상도로 넘어갔는데, 이건 희망의 불씨였다. 첫 만남에는 그리 달갑지 않았던 원장이었기에 내심 다국어를 하지 않았으면 했던 분인데, 교육이 시작되고 난 후 재 방문했을 때는 제임스와 폴에게 깎듯이 인사를 했다.

　"두 분이 개발하신 [다국어 동시학습 시스템]을 반신반의했던 제 행동이 경솔했다고 생각합니다. 아이들의 입에서 다양한 언어가 나오는 것을 보면서 '다국어가 동시에 가능하구나'라는 사실을 확실히 알았습니다. 물론 아직 1주일 밖에 안 된 상태지만, 엉어만 했을 때보다 훨씬 반응이 좋고 '큰소리로 리듬읽기'를 하는 것을 놀이처럼 여기니까 좋더라구요." 제임스와 폴은 하루 동안에 지상과 지하를 넘나든 기분이었지만, 의미 있는 하루였다. 해 볼만 하다는 생각이 스치면서 더욱 자신감이 생겼다.

2개월 차_
전국에 올려 퍼지는
최초 다국어 동시 말하기 Song

[다국어 동시학습 시스템]의 처녀 항해는 생각보다 무난했다. 아이들의 탁월한 모방능력이 다국어와 만나서 새로운 경험을 하는 분위기였다. 부모들은 자녀들이 집에 와서 본인들이 알아듣지 못하는 중국어와 스페인어를 듣고 있으니 신기했다. 다른 나라의 언어를 신나게 말하는 모습이 귀여웠는지 지켜보는 쪽으로 부모들의 마음이 움직인 듯했다. 그럴 만한 사회적 현상도 있었다. 근래에 한국에서는 코로나 여파와 후유증으로 해외 여행에 대한 갈망이 커지면서 다양한 나라의 문화를 소개하는 프로그램이 많이 방영되고 있었다. 우연치 않게 유럽, 특히 스페인 문화를 소개하면서 스페인에 대한 관심도가 높아진 것도 한 몫을 했을 거라는 조심스러운 예측을 했다. 뭐가 되었든 간에 아이들이 다국어를 동시에 경험하는 것이 원어민처럼 말을 하자고 덤벼든 것도 아니고 학교에서 시험을 봐야할 시기나 과목은 아니라는 여유로움도 [다국어 동시 말하기 프로젝트]를 관망하는 쪽으로 흘러갔다.

이런 관망하는 자세와 여유로움이 아이들이 자유롭게 생각나는 대로 말하는 시간을 허락하는 동안 즐거운 일이 벌어지고 있었다. 교사가 [다국어 동시 말하기 App]으로 자녀들의 교육 참여 활동 모습을 부모에게 전송할 수 있는 기능을 사용하면서 부모들의 핫한 반응이 올라오기 시작한 것이다. 그 동안 많은 교육기관들이 부모에게 보여준 교육의 모습은 인위적이거나 짜여진 연습을 통해 보암직하게 보냈다면, 다국어는 생활이며 문화라는 관점으로 자연스럽게 생활 속에서 다국어가 심겨지는 과정을 함께 공유할 수 있도록 배려한 기능이었다. 이 기능의 역할은 과정안에는 어떠한 가식도 가면도 없는 '리얼' 그 자체를 확인하면서 자녀와 다국어 성장 히스토리를 만들어주자는 목적이 있었다. 이 진심이 부모에게 전달되는 사건이 있었다.

인천과 안산.시흥의 몇몇 교육기관에서 다국어 동시 말하기 Song of songs(SOS)를 아이들이 즐겁게 노래를 부르면서 따라하는 모습의 영상을 부모에게 전송하면서 한바탕 난리가 났다. 200여명 이상의 아이 부모에게 전송된 영상은 엄청난 파장을 일으켰다. 기존처럼 교사와 아이들이 열심히 준비해서 잘 짜여진 교육활동 영상만 보다가 자유롭게 앉아있거나 서 있는 아이들이 입에서 다국어 동시 말하기 SOS을 따라 부르고 있었다.

대부분 부모들이 자신의 자녀가 서 있는데 그냥 두었냐, 왜 영상에서 내 아이가 안 보이냐, 뉘 집 아이만 잘 나온 것 같다는 둥 부정적인 말들이 쏟아져 나오기 시작하자, 원장들도 난감한 모습이 역력했다. 한 번도 이런 식으로 대충(?) 교육 영상이 전송된 적이 없었던 상황이고, 늘 잘 준비된 모습의 영상만 보다가 이렇게 편하게 보내진 영상에 대한 온갖 부정적 반응과 댓글이 나오는 것은 너무나 당연한 일이기도 했다. 하지만 모든 일에는 부정적인 것만 존재하는 것이 아니다. 누군가는 진짜를 보는 눈이 있기 마련이다. 한 부모의 한 마디가 이 모든 부정적인 시각을 평정했다.

"Good morning, Good morning, 안녕하세요, Good morning"
"早上好, 早上好, Good morning, 早上好"
"Buenos días, Buenos días, Good morning, Buenos días"
"Buenos días, Buenos días, Good morning, 早上好"

아이들은 그저 신났다. 최초의 다국어 동시 말하기 Song을 부르면서도 자신들이 3개국어를 동시에 하고 있는지조차 모른다. 그렇지만, 아이들은 음악에 맞춰 각 나라의 음원을 듣고 따라 부르는 게 그냥 재미있는 놀이다. 한 부모의 눈에 교실이 떠나려 갈 정도로 큰소리로 노래를 부르며 신나게 노는 자녀의 모습이 눈에 보이기 시작한 것이다.

자녀가 왔다 갔다 하면서도 친구들과 한 명씩 인사를 하듯이 영어, 한국어, 중국어, 스페인어로 구성된 다국어 동시 말하기 노래를 부르면서 즐거워하는 모습을 보면서 감사하다는 뜻을 전했다. 평소에 다국어 동시 말하기가 어떻게 이뤄질까 궁금하고 염려도 했는데, 자녀가 저렇게 자연스럽게 노래를 부르며 즐거워하고 세상 행복해하는 모습이 좋다며 응원의 메시지를 보내온 것이다. 그제서야 다른 부모들도 자녀가 다국어로 동시에 노래를 부르고 있는 모습을 봤는지 모든 부정적인 말들이 사라지고 말았다. 부모가 그 동안 자녀의 어떤 모습에 신경을 썼는지, 다른 아이와 무엇을 비교하며 교육을 했는지 일침을 놓는 사건이기도 했다.

소문은 확대.재생산되기 마련이다. 자녀들이 다국어를 동시에 노래하는 모습이 신기하다는 반응이 지배적으로 많아지면서 자녀들의 다국어 성장 히스토리를 매월 보내 달라는 요청이 쇄도하기 시작했다. 자녀의 다국어의 성장 과정을 소장하고 싶은 생각이 들었던 걸까? 이 사건으로 최초 다국어 동시 말하기 Song의 홍보는 입소문으로 퍼져 나갔다.

제임스와 폴은 [다국어 동시학습 시스템]을 통해 각 교육기관들의 교육 현황을 모니터링 하면서 중요한 사실일 알게 되었다. 본의 아니게 아이들의 자연스러운 교육현장 영상이 부모에게 전송이 되면서 소란이 있었지만, 부모나 아이 그리고 교육기관에서도 스스로 교육의 본질이 훼손되지 않도록 정화기능을 하기 시작했다는 점이다. 이것이 선진 교육의 모습이기도 하다. 교육의 외형적 환경과 과시가 아닌 아이들이 미래사회를 어떻게 살아갈지 함께 고민하고 방향을 잡아가야 한다는 교육적 가치를 공유하면서 모든 현상을 이해하고 풀어가려고 한다는 부모와 교육기관의 인식을 느낄 수 있었다.

제임스와 폴은 늘 생각했다. 언어를 잘 할 수 있는 수많은 방법이 있을 수 있지만, 그 방법대로 하지 못하는 경우가 대부분이라는 것.

왜냐하면 자신을 스스로 코칭하는 사람은 극소수에 지나지 않기 때문이다. 예전에는 자녀가 모국어를 계속 말할 수 있도록 코칭한 사람은 엄마였다. 요즘에는 맞벌이 부부가 너무나 많아서 교육기관의 교사가 제2의 엄마가 된 지 오래다. 코로나 이전까지는 대부분의 외국어 교육은 외부 강사가 담당했다. 전문가의 영역으로 간주했던 게 사실이다. 코로나 이후로 교실 영어가 개발된 후, 급격히 외부 강사의 자리가 사라지면서 외국어 교육도 교사의 몫으로 돌아왔다. 이런 교사들이 다국어 동시 말하기를 꾸준히 신경 쓸 수 있도록 도와줄 파트너가 필요한 것은 너무나 당연한 시대적 흐름이 생긴 것이다.

제임스와 폴은 [다국어놀이학습코칭지도사]라는 민간자격 과정을 개설하면서 [브레인 리더_Brain Leader]를 양성하여 이러한 필요성을 해결하기 시작했다. 다국어를 놀이처럼 인식하고 놀이를 가장 잘하는 교사들에게 언어를 놀이처럼 접근할 수 있도록 도와줄 사람을 〈다국어놀이학습코칭지도사(자칭: Brain Leader)〉라고 정한 것이다. 교사에게 어떤 도움을 줄지, 어떻게 다국어를 놀이처럼 더 재미있게 놀게 할지를 고민하는 지도사들이 있었기에 전국의 다국어 동시 말하기 프로젝트 흐름은 빠르게 안정세를 찾아갈 수 있었다. 3개월쯤 되니 제임스와 폴도 무척 궁금했다. 전국에서 다국어를 하는 아이들의 모습을 직접 눈으로 보고 싶은 건 인지상정.

각 지역별로 지도사들의 활약을 지켜보고 실제 교육기관에서 아이들의 다국어 동시 말하기 현장을 보기 위해 참관수업 일정을 잡았다. 각 교육기관의 현황을 정확하게 이해하고 교사들에게 무엇을 지원할지 파악해서 가려운 부분을 긁어주는 역할이 잘 맞아떨어지면서 기대감이 상승했다. 부산과 울산 스케줄이 확정되자, 제임스와 폴은 심장이 바운스 바운스… 널뛰듯이 흥분했다.

넓은 정원을 가지고 있고, 놀이터와 놀이기구들이 잘 정돈된 교육기관 현관 앞에서 제임스와 폴은 심호흡을 하며 숨 고르기를 하고 있었다. 지역 대표와 지도사와 함께 현관 안으로 들어가서 교실 문을 열기까지 콩닥거리는 심장을 붙잡은 채 살며시 문을 열면서 큰소리로 아이들에게 말을 했다.

"Buenos días~~~" 제임스의 한 마디가 공기를 타고 아이들의 귀에 전달이 되었고, 1~2초의 시간이 흐르고 있었다. 제임스는 이 짧은 시간이 얼마나 긴장되었는지 모른다. 그 짧은 찰나를 지나 또 한번의 공기의 파장이 일어났다.

"Buenos días~~~", "早上好~~~", "Good morning~~~"이라고 합창하듯이 들리기 시작했다. 아이들은 자신이 좋아하는 나라의 말로 인사를 했다. 활짝 웃으며 제임스와 폴을 반겨주었다. 이런 경험은 아무나 할 수 없다. 한국의 아이들이 영어도 아닌 다른 나라들의 인사말을 자연스럽게 표현하고 있는 모습이 단순한 일이 아니었다. 각자 자신이 좋아하는 나라의 표현이 있었는지 계속 그 나라의 말로 인사면서 좋아하는 모습이 이쁘다는 생각이 들었다.

"지금부터 우리 친구들이 다국어 동시 말하기를 얼마나 재미있어 하는지 보여줄까요?"

"네~~~" 생기발랄한 아이들의 대답과 함께 다국어 '큰소리 리듬읽기'를 거북이 박수와 토끼 박수를 거쳐 독수리 박수놀이까지 착착 진행했다. 거북이 박수 팀이 나와서 친구들 앞에서 거북이가 엉금엉금 기어가듯이 천천히 박수를 치며 다국어를 말하자 다른 팀의 친구들은 '앵무새 따라하기'를 하듯이 큰소리로 따라했다. 이번엔 토끼 박수팀과 독수리 박수팀이 돌아가면서 큰소리로 말하자 다른 팀들은 앵무새처럼 따라했다. 영어, 중국어, 스페인어 그리고 마지막으로 영어, 중국어, 스페인어가 동시에 나오는 부분까지 박수 치며 스피드 말하기 게임을 하듯 진행되자 속도감이 느껴졌다. 아주 단순한 놀이활동을 하고 있는데, 박진감이 넘쳤다. '빠른 속도로 큰소리 리듬읽기'를 하고 난 후, 다국어 동시 말하기 Song을 교사와 아이들은 서로 인사를 하듯이 율동을 하면서 큰소리로 떼창을 하기 시작했다. 목이 터져라 신나게 부르는 모습에 제임스와 폴은 눈물이 났다. 17년의 고생의 아픔이 눈 녹듯이 사라지는 느낌이랄까. 대한민국에서 다국어 동시 말하기의 역사가 시작되었다는 사실이 감동이었다.

"아저씨, 저는 스페인어가 좋아요. 제가 말을 할 테니 들어봐요?" 6세 아이가 다른 교실로 이동하는 우리를 붙잡고 자신의 입에서 나오는 스페인어를 재잘거리기 시작했다. 했던 말을 또 하고 다른 스페인어가 떠오르지 않으면 했던 말을 계속 하면서 쉬지 않고 1분가량 말을 하는 모습을 그냥 넘길 수 없어서 촬영을 했다. 몸을 흔들면서 말을 하는 모습이 얼마나 귀여운지….

이제 겨우 3개월이었다. 멋 모르고 다국어 동시 말하기 Song을 따라 부르며 마냥 좋아했던 아이들의 모습이 지난 달이었는데, 자신의 입에 저장된 다국어를 자연스럽게 뱉아내게 시작했다는 것이다. 절대로 외울 수 없는 아이들이 자신의 입으로 말해본 다국어를 흉내 내고 있다는 것 자체가 자랑스러웠다. 이렇게 말을 하는 것이 아무런 의미를 모른 채 말을 하고 있다는 것은 분명하다. '엄마'라는 말의 의미를 다 알고 말을 했어야 한다면 상당기간 우리는 벙어리로 지내야 했을 것이다. 의미는 모르겠고, 모방능력은 탁월하니 의미와 상관없이 입은 다국어를 말로 하는데 아주 자연스러워지고 있었다. 아이들이 다국어 동시 말하기의 증인이 되고 있다는 사실은 분명했다.

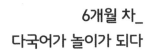

6개월 차_
다국어가 놀이가 되다

대한민국 최초의 다국어 동시 말하기의 시작은 소리 소문도 없이 시작했다. 소문난 잔치에 먹을 것이 없다는 말도 있듯이, 기존의 외국어 교육의 통념이 자리잡고 있는 시대에 떠들면서 했다간 난도질을 당할 수도 있었다. 아주 미미한 출발이었지만, 아이들이 보란듯이 다국어 동시 말하기의 증인으로 등판하면서 부모들의 인식이 조금씩 달라지기 시작했다. 어차피 아이들이 영어를 한다는 것이 경험이라면 영어 할 시간에 다국어를 경험하는 것이 좋다는 생각이 자연스러워지고 있었다.

그러나, 우여와 곡절이 없으면 세상사는 맛이 나겠는가! 제임스와 폴은 전국에 있는 교육기관의 수업참관을 하면서 익힘(習) 중심의 우뇌발달과 좌뇌 브로카 영역의 활성화를 강조하며 미친듯이 지방 투어를 다녔다. 어느 날, 수원 지역 대표로부터 연락이 왔다. 영어 컨텐츠의 식상함과 특강 강사 위주의 보이기식 교육을 혐오할 정도로 싫어하셨던 분이라 교사가 할 수 있도록 놀이 중심의 다국어 동시 말하기 프로젝트에 매료되어 힘차게 전파하고 있을 거라고 믿고 있었다. 하지만 전혀 엉뚱한 곳에서 일이 터지기 마련이다. 기존 스케줄을 조정해서 어렵게 참관 수업을 하게 되었고, 교사나 아이들 모두 흥미를 보이지 않는 모습이 이상했다. 조용히 시간을 두고 코칭과정을 관찰하면서 그 원인을 알게 되었다.

"대표님, 오늘 수업을 같이 보면서 어떤 점이 느껴지셨나요?"

"교사들이 전혀 의지가 없고, 하고 싶지 않은 것을 억지로 하고 있는 느낌이 들더군요. 특강 강사를 꼭 지원해달라고 해서 그렇게 했더니 교사와 특강 교사 간에 미루기 현상이 발생하고 있다고 보여지네요." 생각보다 심각하다는 것을 직감한 수원 대표는 어떻게 해결할지 제임스와 폴만 쳐다보고 있었다.

"교사와 특강 강사간의 역할이 분명하더라도 이 문제는 해결되지 않지 않을 것 같습니다. 근본적인 대책은 교사에게 있으니 교사를 돕도록 해야 하는데, 코칭하는 모습을 보면서 큰 문제점을 발견했습니다. 바로 '놀이활동'을 전혀 하지 않는다는 겁니다. 놀이 활동의 어려움을 극복하지 못한 모습이 역력했습니다. 놀이 활동은 교사들이 가장 잘하는 것이기도 하지만, '귀찮니즘'에 빠지면 장점이 사라지고 말죠. 아이들도 놀이가 즐거워지는 계기를 만들어야 합니다. 여기 교사는 큰소리 리듬읽기와 다국어 동시 말하기 Song을 그냥 보여만 주고 있다는 것과 이런 활동을 하고 나서 절대로 놀이활동을 하지 않고 있다는 것을 스스로 알아야 변화가 시작됩니다. 아무리 노래를 통해 다국어가 입에서 술술 나오더라도 실제 놀이를 통해서 말을 하도록 유도하면 생각만큼 입으로 표현되지 않는다는 것을 알 수 있죠. 메타인지를 높인 상태에서 암묵적 지식으로 저장되기 위해서는 놀이를 통해 생각하지 않은 채 말을 하도록 해야 합니다. 다시 말씀드리지만, 유아들에게 놀이활동은 자동기억을 할 수 있도록 메타인지와 암묵적 지식을 향상시키는 탁월한 방식이라는 점을 잊지 않으셔야 합니다." 수원 대표는 망치로 한 방 맞은 듯 스스로도 놓친 부분이 있었다며 다시 활기를 찾았다.

"애들은 천성적으로 놀이를 좋아하게 되어 있습니다. 처음 시작할 때 규칙이나 요령을 이해시키기 위한 설명보다는 입과 몸으로 직접 익히도록 도와주면 그 자체가 놀이가 되면서 규칙과 요령이 됩니다. 잊지 마십시오. 우리의 코칭법은 우뇌 발달과 좌뇌의 브로카 영역의 활성화입니다. 이 원칙을 늘 생각하시면 다국어 동시 말하기는 익힘(놀이)의 즐거움을 통해 자동기억 되도록 구성되어 있다는 점을 실감하실 겁니다." 수원 대표는 다시 한 번 큰 깨달음을 얻었다며 즐거워했다. 이 기쁨도 잠시! 제임스와 폴은 다시 청주와 울산으로 차를 돌렸다. 한 달 전부터 미리 예약된 참관일정이라 꼭 지켜야 할 약속이라 쉴 틈도 없이 달리기 시작했다.

[다국어 동시학습 시스템]의 코칭법과 코칭큘럼(1만번 말하기를 실현할 수 있도록 익힘 활동이 구현되도록 짜여진 코칭체계)을 가장 잘 이해하고 있는 지역이라 내심 기대가 크기도 했다. 원장과 잠깐의 미팅을 갖고 함께 각 교실별로 참관을 시작했다. 4세부터 7세 마지막 참관 수업까지 놀이로 시작해서 놀이로 마무리까지

한 치의 오차도 없었다. 각 나라의 이미지와 언어 그리고 음원을 시청한 후, 연령별로 1~3단계 빠른 속도로 큰소리 리듬읽기를 [스피드 말하기]형태의 놀이처럼 느끼게 만들었다. 우뇌의 다양한 다국어의 정보를 좌뇌의 브로카에서 표현하도록 하면서 뇌 전체가 활성화 된 상태에서 다국어 동시 말하기 Song을 율동과 함께 부르면서 우뇌와 좌뇌에 자극을 주었다. 노래와 율동이라는 또 다른 형태의 놀이를 한 셈이다. 이번에는 3~7월까지 익혔던 다국어 단어와 문장을 스피드 카드 형태로 1초라는 짧은 시간에 사진 찍듯이 이미지와 음원을 넘기면서 박수 치며 큰소리로 말을 하도록 했다. 아이들은 박수로 리듬을 타면서 거침없이 이미지와 관련된 음원을 큰소리로 따라했다. 이게 끝이 아니었다. 스피드 카드 음원을 들려주지 않은 채 이미지만 빠른 속도로 넘기면서 이미지에 맞는 음원을 말해보도록 했다. 참관하고 있던 제임스와 폴은 전율을 느끼고 있었다. 착착 넘기는 이미지와 음원이 박수 소리와 딱딱 맞아떨어지면서 넘어가는 모습을 보노라면 감탄이 절로 나왔다.

혀를 내두르며 엄지척을 하는 것은 아직 이르다는 것을 직감하는 놀이활동이 준비되고 있었다. A, B팀으로 구성된 아이들이 징검다리 달리기 대결을 준비하고 있었다. 두 팀 모두 다국어 국기로 만든 징검다리를 건너면서 해당 국기를 밟을 때마다 그 나라의 언어로 말을 하도록 했다. 징검다리를 다 건넌 후에는 첫 번째 사람이 다국어를 한 마디 하면 두 번째 사람이 첫 번째 다국어를 앵무새처럼 따라한 후 자신이 생각나는 다국어를 추가하면서 [다국어 1+1이어 말하기]를 릴레이 방식으로 진행하고 있었다. 마지막 친구가 8개 문장을 다 말한 후, 다 같이 원래 자리로 먼저 돌아오는 팀이 이기는 다국어 말하기 놀이였다. 6개월 밖에 안된 친구들이라고 말하기에는 너무나 놀라웠다. 이렇게 마지막 놀이까지 끝내고 나서야 힘차게 박수를 치면서 교사들에게 90도로 절을 할 수밖에 없었다. 상상 이상의 교육 현장을 보았기에 제임스와 폴은 눈물이 났다.

교사들은 제임스와 폴에게 "아이들이 이젠 자신들이 원하는 놀이가 있습니다. 오늘은 동문서답으로 시작해서 폭탄 돌리기 놀이를 한 후에 마지막으로 다국어 책 뒤집기 놀이를 했으면 좋겠다"고 스스럼 없이 표현하고 즐기고 있다는 말을 전해주었다. 언어는 놀이가 분명하다는 생각에 확신을 주었던 교육 현장이었다. 언어가 놀이가 되는 시간이 교육 시간에 존재한다는 것 자체가 흥미로운 일이었다.

1년차_
씨앗이 되는
다국어 단어와 문장이 심겨지다

제임스와 폴은 과연 [다국어 동시 말하기 프로젝트]가 1년을 버틸 수 있을까? 라는 생각을 한 적이 있었다. 그만큼 풍전등화처럼 불안하게 시작했던 초창기 시절이 있었다. 믿음이 없는 이들에게 확실한 증거를 보여주어야 할 시기이기도 했다. 척박한 교육환경이자 코로나 19로 그 어떤 다국어 행사도 맘 편하게 진행할 수 없었기에 새로운 문화를 만들기 위한 돌파구로 제1회 전국 다국어 말하기 대회를 시행하게 되었다. 가정에서 부모와 자녀가 다국어를 표현하는 활동, 1분동안 쉬지 않고 폭풍처럼 말하는 모습, 교육기관에서 다국어를 생활화하기 위해 활동하는 모습 등등을 영상으로 담아서 보내주는 이벤트를 하기로 했다. 코로나로 인해 얼마나 관심을 갖고 참여할지 미지수였기에 기대를 하지 않았다는 게 정확한 표현이다.

마감일이 임박하면서 각 지역의 교육기관들의 전화가 빗발쳤다. 세부 규정은 있느냐, 영상 제출 기준이나 심사기준을 보내라, 원에서 매월 행사로 진행하면서 영상을 모아서 보내도 되느냐 등등 다양한 문의가 발생하자 내심 기대를 하기 시작했다. 마감 15일 전부터 메일이 분주해지기 시작하더니 마감일

자정이 지나기 전에 제출된 영상만 1,200개가 넘었다. 엄청난 관심과 열기가 있다는 사실을 실감할 수 있었다. 심사관들은 생각지도 못한 엄청난 영상자료 개수에 기겁을 했다. 15일정도면 심사기간이 충분할 것이라고 여겼지만, 결국 심사기간 연장이라는 안내문을 홈피에 공지할 수 밖에 없었다. 기쁨의 아우성이면서도 힘든 시간이기도 했다. 보내온 영상들 중에 40%인 480개 영상은 심사관이 쉽게 결정하기 어려운 수준의 영상들이었다. 이 중에서 100명을 선정한다는 것이 보통 고통스러운 일이 아니었다.

제임스와 폴은 심사를 하면서 입이 벌어질 수밖에 없었다. 아빠와 딸이 바닷가에서 캠프를 하면서 다국어로 서로 대화하는 영상, 6세 자녀가 엄마에게 다국어를 가르쳐주며 즐거워하는 영상, 교사와 원생들이 다양한 놀이를 하면서 즐거워하는 영상들, 1분 동안 거침없이 입에서 나오는 대로 쉬지 않고 폭풍처럼 다국어를 말하는 영상들, 등원하면서 부모와 원생 그리고 교사와 부모 간에 서로 다국어로 인사를 하는 모습들이 고스란히 담겨 있었다. 더욱 놀라운 것은 온 가족이 상황극을 하면서 다국어로 자연스럽게 말을 하는 모습이 신선했다. 물론 대회를 위해 좀 더 많은 관심과 노력이 있었을 거라는 사실을 감안하더라도 다국어 자체가 자연스럽게 일상 생활에 스며들 수 있는 하나의 계기가 주어졌다는 생각이 들었다.

코로나 19로 인해 전체 수상자들을 모을 수 가 없었기에 아쉬웠다. 상장과 상품 그리고 감사패를 드리면서 교사와 원장 그리고 원생들의 뜻깊은 소감을 듣고 싶었다. 최소 인원으로 전국을 돌며 수상지역의 교사와 원장 그리고 원생과 짤막한 인터뷰를 진행했다.

"제가 원래는 영어 전문 교사였습니다. 그런데, 아이를 낳고 교사로 전환하면서 다국어 동시 말하기를 접하게 되었죠. 제 고정관념으로는 다국어 동시 말하기는 불가하다고 생각했습니다. 그렇지만, 제가 영어를 어렵게 했기 때문에 혹시나 다른 방법으로 다국어를 할 수 있다면 기회를 막지는 않아야 한다는 생각에 그저 시키는 대로 했죠. 제 아이가 다국어가 동시에 된다는 사실을 보여주더군요. 6세 되는 아이의 입에서 다국어를 자유자재로 하는 모습을 보면서 놀라웠어요. 또 어떤 아이는 가족이랑 중국을 갔는데, 중국인을 보면서 자신이 알고 있는 말들을 하면서 중국 아이와 친구가 되었다며 좋아하더군요."

"6개월쯤 지나니까, 신기한 일들이 벌어지더군요. 큰소리 리듬 읽기와 놀이활동이 이미 익숙해진 상태이기도 하겠지만, 새로운 다국어 단어나 문장을 보면 순식간에 익혀지는 현상을 볼 수 있었죠. 저보다 훨씬 빠른 속도로 다국어를 흡수하고 습득하기 시작하더군요. 이래서 아이들은 다국어가 가능하구나 싶더군요."

"저는요, 다국어가 재미있어요. 엄마가 그러는데요. 저는 스페인어에 소질이 있다고 했어요. 스페인어를 들으면 괜히 신나요."

"제가 다국어 동시 말하기 프로젝트를 선택하면서 참 많이 고민했던 기억이 납니다. 뭘 선택하면 학부모와 원생들에게 도움이 되는 게 가장 중요하니까요. 교육자라는 자부심을 잃지 않고 싶기 때문에 매번 프로그램을 선택할 때 신중하거든요. 다국어는 고심의 고심을 거듭했던 기억이 납니다. 남들이 하지 않은 것이기에 특별했지만, 남들이 가지 않은 길이니 두렵기도 했죠. 이 두려움은 3-4월까지 지속되기도 했습니다. 그래서, 더 관심을 갖고 아이들의 입에서 다국어가 어떻게 나오는지 확인하기 위해 매일 아침마다 다국어로 인사를 하고 원생들이 다국어 표현을 많이 해볼 수 있도록 신경을 썼던 기억이 납니다. 그런데, 신기하게도 5월부터 아이들이 입에서 다국어가 굉장히 자연스럽게 나오는 것을 느꼈죠. 5월인데 3월에 했던 표현이 자연스러워지고 6월이 되니 3~4월 다국어 표현이 모국어처럼 자연스럽게 나온다는 것을 경험했습니다. 영어를 하면서도 느껴보지 못한 짜릿함이라고 할까요? 학부모가 좋아하고 교육전문기관의 자부심을 세울 수 있는 계기가 되었습니다."

"저는 제 아이가 다국어를 쉬지 않고 말을 하길래, 도대체 얼마나 외웠으면 저렇게 말을 할 수 있을까 싶었죠. 그래서 아이에게 스트레스 받으면서 외우지 말라고 했죠. 그런데, 아이가 하는 말에 제가 입을 다물게 되더군요. 아이가 '엄마, 난 다국어를 할 때마다 놀이를 하고 있는 것 같아서 좋아. 얘들이랑 놀다 보면 나도 모르게 다국어를 하고 있거든.'이라고… 다국어를 놀이처럼 한다는 말이 맞구나 싶더군요."

각 지역을 다니면서 듣게 된 다양한 연령층의 소감이었다. 제임스와 폴은 감사함을 잊을 수가 없었다. 아무것도 아닐 수도 있지만, 다국어 동시 말하기 프로젝트는 길가에 뿌려진 씨앗을 심어서 결실을 맺어보겠다는 것과 다름이 없었기에 감동이 더 깊었다. 다국어를 말할 수 있는 씨앗이 되는 단어와 문장이 옥토가 된 마음 밭에 잘 심겨지고 있다는 현장을 보자 감정이 북받쳤다. 대한민국의 모든 사람들이 자신들이 어떤 조상의 후손인지 정확히 알았으면 하는 바람이다. 당대의 한글이라는 문자를 만들어 사용한 나라이며 다국어를 동시에 말할 수 있는 방법을 기록한 [아학편]을 널리 보급하려던 언어능력이 탁월한 민족이라는 사실. 그 민족이 세계를 뒤흔들고 있으며 이제는 외국어 습득하는 방법까지 세계 1위를 하고자 하는 민족이다.

아빠와 엄마가
다국어로 대화하는 자녀 촬영

핸드폰으로 영상 보내기

다국어 동시 말하기 프로젝트 메일

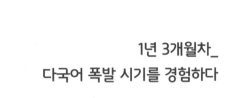

1년 3개월차_
다국어 폭발 시기를 경험하다

만 3살이 되면 어느 정도 모국어로 자신을 표현하는데 주저함이 없을 정도가 된다. 아니 평생 사용할 말은 다 한다고 해도 과언은 아닐 것이다. 부모로부터 1만번 이상 들었던 말을 모방하면서 자신의 언어로 자리매김하는 것이 자연스러운 언어발달 과정이기도 하다. 최초로 옹알이를 시작했던 '엄마'라는 단어가 모국어를 할 수 있는 첫 씨앗이 되는 단어다. 엄마라는 단어를 통해 모국어를 잘 할 수 있는 근간을 만든다. 엄마가 자연스러워지면서 서서히 옹알이를 할 수 있는 단어들이 늘어나기 시작하지만, 21개월까지는 50-70개 정도의 단어만 가지고 자신을 표현하려고 애를 쓴다. 이 시기가 1만번이라는 모방의 과정을 통해 말할 수 있는 능력을 기르는 기간이기도 하다. 이 기간을 잘 준비해야 모방(익힘)의 시너지 효과가 발생할 수 있다. 늘 사용하던 단어와 문장 그리고 늘 듣고 있던 다른 단어와 문장들이 응용되고 융합되어 새로운 문장을 표현하기 시작하면서 언어적 폭발시기를 경험하게 된다. 이것이 우리가 알고 있는 모국어 발달과정에서 제1, 2 언어적 폭발시기라고 언급하는 대목이다.

다국어 동시 말하기에도 이런 현상이 당연히 일어나야 정상이다. 모국어 발달 과정을 그대로 재현하고 적용할 수 있도록 시스템을 구축했기 때문이다. '외우지 않고 빠른 속도로 큰소리 익힘 리듬읽기'라는 언어습득의 과학적 원리 중에 '익힘'은 '쩝' 시너지효과로 표현된다. 즉 쩝시너지효과($Y = X(X-1)*@$)는 익힘의 과정을 101회정도 하게 되면 1만번 말하는 효과가 발생한다는 이론이다. 다국어를 동시에 말하는 아이들이 하루에 100번 정도 말을 하도록 구성했다. 3개국어를 이미지와 음원을 통해 '빠른 속도로 큰소리 리듬읽기'를 하고, 같은 표현을 다국어 동시 말하기 Song으로 율동과 함께 따라 부른 후, 스피드 카드 방식으로 늘 처음부터 익혔던 단어와 문장을 박수 치며 큰소리로 따라 읽기를 한다. 이 모든 과정을 다시 다국어 말하기 놀이 활동으로 입에서 표현하는 연습을 하도록 하면 평균 100번정도를 말을 하도록 구성했다. 5개월이 지나도록 지속하면 처음에 익혔던 단어와 문장이 1만번에 도달하게 되면서 모국어처럼 자연스러워진다. 1만번에 도달하는 단어와 문장들이 점점 많아지면서 새로운 경험을 하게 된다. 언어 기저영역에 형성된 다국어 영역이 확장되면서 어느 순간 새로운 단어와 문장을 1만번 이상 말하지 않아도 자연스럽게 모국어처럼 사용하는 능력이 생기기 시작한다는 점이다. 이것이 바로 쩝시너지 효과가 발생하면서 언어적 폭발현상이 일어나고 있다는 증거다.

다국어 동시 말하기 프로젝트를 시작한지 1년 3개월이 지나면서 언어폭발시기를 일어날지 너무나 궁금했다. 시스템적으로 완벽할지라도 교사와 원생이 혹은 부모가 적극적으로 다국어 교육생태환경을 조성하지 않으면 결국 이론에 불과할 뿐이기 때문이다. 1년이 지난 시점에 1년동안 익혔던 다국어 표현이 모국어처럼 자연스럽게 나오고 있는지, 1년 이후에 익히고 있는 다국어 표현은 생활과 연결이 되고 있는지가 무척 궁금했다. 이런 궁금증은 2년째 다국어 동시 말하기 프로젝트에 참여하고 있는 교육기관을 방문하면서 확신으로 다가왔다.

A : "Good morning"

B : "早上好"(안녕~~)

C : "Buenos días"(안녕~~~)

A : "¿Cómo te llamas?"(이름이 뭐니?)

B : "我的名字叫 박수희"(내 이름은 박수희야)

C : "你叫什么名字?"(이름이 뭐니?)

A : "Mi nombre es 이진수"(내 이름은 이진수야)

C : "Nice to meet you"

B : "Encantado(da) de conocerle."(만나서 반가워)

3명의 아이들은 마치 자신들이 다국어 민족이라도 되는 양 영어를 질문하면 중국어나 스페인어로 대답하고 중국어로 인사하면 영어나 스페인어로 인사를 하는 모습이 너무나 자연스러웠다. 3개국어를 처음부터 알고 있는 것처럼 말이다. 아이들이 자연스럽게 교실에서 다국어로 대화를 하는 모습이 머리와 가슴에 깊이 새겨지고 있었다. 제임스와 폴은 웃으며 환호의 박수를 쳤다. 아이들은 놀랐는지 제임스와 폴을 보면서 웃고 있었다.

"지금 두 분은 대한민국의 미래를 보고 있는 겁니다." 원장의 확신의 찬 한 마디가 두 사람의 마음을 뒤흔들었다. 그동안 '다국어 동시 말하기 프로젝트'는 이론일 뿐 실제가 되기에는 사례가 없다는 이유로 외면당하고 무시를 받아야 했다. 마치 몽상가들이 현실을 호도한다며 질타를 당하는 느낌이랄까. 하지만, 실제가 나타났고 그 실제가 고정관념에 사로잡힌 어른들과 기성세대에게 '똑바로 보라'는 신호를 준 것 같아 힘이 났다. 이제 거대한 댐에 바늘 구멍이 생기기 시작했다는 느낌이 왔다.

다국어 동시 말하기, 유대인을 넘다

1년 3개월과 2년 사이_
특허로 인정받고
교육현장으로 증명하다

　제임스와 폴은 다국어 동시 말하기 프로젝트를 1년 넘게 진행하면서 부모를 중심으로 의문이 확신으로, 불신이 믿음으로 확산되기 시작했다는 생각이 들었다. 한 해를 넘긴 어느 봄날 아침, 걸려온 전화 한 통으로 이 사실을 확인할 수 있었다.

　"여보세요. 다국어 동시 말하기 본사 맞나요?" 20대 후반의 여성의 목소리가 스피커를 통해 들려왔다.

　"네, 맞습니다. 무엇을 도와드릴까요?"

　"저.. 다름이 아니라, 우리 아이가 교육기관에서 다국어 활동을 하는데, 너무 재미있다고 개인적으로 하고 싶다며 조르는 판에 알아는 보자는 심정으로 전화를 드렸어요. 개인적으로 3개국어를 할 수 있는 방법이 있을까요?" 옆에서 듣고 있던 아이는 재촉하며 자기도 같이 듣게 해달라고 떼를 쓰고 있었다.

　"다행입니다. 원한다면 얼마든지 가능합니다. 자녀에게 언어가 놀이라는 인식을 심어주는 것은 엄청난 자산입니다. 자녀가 '다국어는 재미있고 쉽다' 라고 인식되기만 한다면 다국어의 달인이 되는 길은 시간 문제입니다. 유대인들도 8세 전에 3개국어를 하면서 다국어가 쉽다는 인식을 가지고 있기 때문에 나중에 스스로 또 다른 외국어를 익히는데 전혀 어렵게 느끼지 않는

다고 합니다. 우리 자녀도 그렇게 될 수 있기를 바랍니다." 제임스와 폴은 다국어를 즐기는 사람들의 증언을 듣고 있으면 없던 힘도 다시 생긴다. 포기하지 않고 지금까지 왔다는 것이 감사함으로 느껴지게 하는 응원의 메시지인 셈이다. 성공해서 웃을 수 있는 게 아니라 웃을 수 있게 만드는 긍정의 힘이 있기에 성공이 부럽지 않은 것이다. 그러다 보면 성공도 우리를 보며 웃지 않을까 싶은 생각이 들자, 제임스와 폴은 피식 웃고 말았다.

"띠리리~~리리리리리리~~~" 폴의 전화기가 간만에 기지개를 폈는지 하품 소리를 내고 있었다.

"여보세요. 특허 관련해서 연락을 드렸습니다. 실례지만, [다국어 동시학습 시스템] 특허 요청하신 분이 맞나요?" 웃다가 전화를 받은 폴은 웃음을 멈추고 스피커 폰으로 제임스와 함께 통화를 듣기 시작했다.

"특허청 심사관으로부터 연락이 왔습니다. 특허가 결정이 돼서 관납료와 특허증 받을 주소를 알려주셔야 합니다." 제임스와 폴은 순간 귀를 의심했다. 특허를 신청한지 7개월이 지나가고 있었고, 코로나로 인해 특허청의 인력이 순환근무를 하는 관계로 심사기간이 예전보다 늦어질 거라는 말에 낙심을 하고 있었던 터라…… 기대를 접고 현장에 충실하고 있었기 때문에 방금 전화기 너머로 듣게 된 소리는 환청이나 꿈결에서나 들리는 소리로 생각했다.

"여보세요. 이해하셨나요? 특허가 났으니 관납료……"특허 사무실 직원의 말이 끝나기도 전에 제임스와 폴은 하이파이브를 하며 기쁨의 눈물을 흘리고 있었다. 지난 17년의 세월이 주마등처럼 흘러가고 모든 서러움과 아픔이 눈 녹듯이 사라지면서 희망과 기대가 온 몸을 가득 채우고 있었다. 같은 의미의 다국어 단어와 문장을 언어변환시스템을 통해 제1,2,3외국어를 동시에 익힐 수 있도록 코칭법을 접목했으며 다양한 메타인지 향상 놀이활동을 통해 1만번 이상 말하도록 코칭큘럼으로 구성하면서 다국어 동시 말하기가 가능하다는 것을 입증하게 된 것이다. 다국어 동시 말하기가 뇌와 학습 및 사회성에 미치는 영향에 대한 이론적 배경이나 실험 논문이 많았기에 다국어 동시 학습 시스템까지 연결되면서 특허로 인정받게 되었다.

"폴~~ 드디어 특허가 나왔네. 그동안 수고 많았어. 밑도 끝도 없는 길을 함께 해줘서 고맙네. 드디어 우리가 특허로 하나가 되는 것을 허락하신 것 같네."

"제가 더 감사하죠. 늘 자신보다 저를 먼저 챙겨 주시고, 어려움 속에서도 '초긍정'으로 함께 이겨 나갈 수 있도록 해주시고 사모님도 제 자식들을 잘 챙겨 주셔서 가족보다 더 가족 같은 우리 사이가 되었잖아요. 남들이 보면 우리가 가족이라고 생각할지 모르죠."서로 포옹을 하며 지난 17년의 모든 것을 보상해 주는 것 같았다.

제임스와 폴은 특허가 자신들의 기쁨이기도 하지만, 많은 사람들에게 외국어에 대한, 특히 다국어는 동시 말하기가 불가능하다는 사람들의 고정관념을 무너뜨리는 객관적 자료로 가장 설득력이 있다는 생각이 들었다. 이미 다국어 동시 말하기의 실제가 전국 교육현장에 있었기에 눈과 귀로 확인이 가능하지만 증거와 증명으로는 부족한 2%를 특허가 채워준 것이다. 그것이 바로 보편 타당하며 객관적이고 이론적으로 맞다는 것을 사람들로 하여금 '인정'하게 만들어 주었다는 것이다. 이제 대한민국의 [다국어 동시학습 시스템]이 전 세계를 대상으로 무엇을 해낼 지 지켜보는 재미가 생겼다.

세계 최초 특허 받은 "다국어 동시학습 시스템"

다국어 동시학습 시스템이란?

같은 의미의 다국어 단어와 문장을 코칭법을 활용하여 언어변환시스템과 놀이활동으로 두뇌를 자극하여 자동기억되도록 코칭클럼으로 구성된 시스템을 총칭하여 말한다.

> Multilingual words and sentences with the same meaning are coached using the coaching method. Automatic memory by stimulating the brain with language conversion system and play activities As much as possible, it refers to a system composed of a coaching-culum.

> 是统称由将同意的多国语言单词和文章利用语言变换系统和游戏活动来刺激大脑，让大脑自动记住的指导教学课程构成的系统。

> Las palabras y oraciones multilingües con el mismo significado se entrenan utilizando el método de entrenamiento. Memoria automática estimulando el cerebro con sistema de conversión de lenguaje y actividades de juego En la medida de lo posible, se refiere a un sistema compuesto por un currículo de entrenamiento.

Tree of Life

언어에는 지식과 생명이 공존한다. 언어가 생명이 되는 길은
언어로 자신을 바라볼 때다. 언어와 자신이 솔직해지는
순간이 영원한 생명으로 연결되는 유일한 길이다.

05

익힘(習)의 능력이 만들어낸 시너지 효과

TOL 다국어, 생활이며 문화가 되다

언어가 놀이가 된 아이들, 다국어 스타가 되다

다국어 동시 말하기는 쉽다

부모가 자녀가 되고 자녀가 코치가 되다

다국어놀이학습코칭지도사, 엄마 코치의 길을 열다

익힘(習)의 흔적으로 다국어 습득의 포트폴리오를 만들다

주니어다국어놀이학습코칭지도사, 유아의 내적동기가 되다

특허 받은 다국어 동시 학습 시스템, 세계의 문을 두드리다

익힘(習)의 능력이 만들어낸
시너지 효과

성공이란 성장을 위해 겪어야 할 익힘의 과정에 공을 들이면 얻게 되는 부와 명예를 말한다. 이것이 성공의 의미이며 2행시다. 당신은 익힘의 과정에 공을 들이고 있는가? _제임스 진, 폴 킴

우리가 생각하는 익힘의 능력이란 무엇인가를 자신의 것으로 만들기 위해 명시적 지식이 아닌 암묵적 지식의 형태로 자신의 온 존재안에서 표현되도록 만드는 것이다. 이러한 능력을 천성적으로 가지고 있는 존재가 있다. 바로 0-7세 아이들이다. 그렇지만 안타깝게도 모국어를 하는 과정에서 익힘의 능력을 경험했지만 세상을 살아가면서 그 능력을 회복하지 못하는 경우가 대부분이다. 이게 얼마나 큰 손실인지 부모와 기성세대는 반드시 알아야 한다. 제임스와 폴은 기회만 있으면 이런 사실을 전하고 싶었다. 영어 저자로서 영어라는 매개체로 코칭을 하면서 알려주고자 했지만, 영어만으론 날고 기는 사람이 너무나 많아서 수많은 방법 중에 하나로 인식할 뿐 자신안에 익힘의 능력이 있다는 것을 발견하려고 하지 않았다. 언젠가 그 날이 오면 꼭 하고 싶은 말이 있는데….

'꿈은 이루어진다'에 열광했던 2002년 한일월드컵, 4강 신화를 쓰면서 그 말이 현실이 되었다. 영어로 증명하기 어려웠던

익힘의 능력을 다국어 동시 말하기 프로젝트를 통해 아이들로 부터 증명이 되기 시작했고, 특허가 인정되면서 제임스와 폴을 찾는 이들이 많아졌다. 세상이 그런 것인 줄 알지만, 씁쓸하면서도 이런 기회라도 있으니 얼마나 다행인가 싶기도 했다. 아는 지인을 통해 소개받은 한 유명한 회사 회장님이 소문을 듣고 제임스와 폴을 찾아왔다. 60대 후반의 호리호리 하면서 날카로운 눈빛을 가진 남성이었다. 대뜸 앉자마자 80년대 대한민국 외국어 스타 강사로 활동했으며 일본, 대만, 베트남 등등 전 세계를 누비며 비즈니스를 하고 있다며 간략한 소개를 했다.

"제가 우연히 지인을 통해 3개국어 동시에 할 수 있다고 말하는 사기꾼들이 있다고 해서 사기 치지 말라고 당부하고 싶어서 왔습니다. 얼마나 많은 사람들이 3개월이면 영어를 마스터 할 수 있다는 식으로 말하면서 사람들을 속여왔는지 아시죠? 진짜 가능한지 묻고 싶군요." 웃으면서 하는 말씀이지만 말속에는 뼈가 있었다. 제임스 원장은 차분히 말을 하기 시작했다.

"저는 One-Day English를 주장하는 사람이라서 사기꾼을 제대로 만나셨네요. 일단 가장 중요한 사실부터 말씀을 드리면, 저희는 특허청으로부터 '다국어 동시학습 시스템'이라는 발명의 명칭으로 특허를 취득했습니다."

"그래요???? 그게 가능하다는 말인데…." 당황한 기색이 역력했다. 자신의 경험이나 외국어 학습 과정을 보더라도 다국어를 동시에 한다는 것은 말도 안되는 일이 분명했지만, 특허를 언급하자 할 말이 없는 듯 잠시 생각에 잠기더니 어떻게 특허가 인정되었는지 듣고 싶다는 의사를 밝혔다. 한결 부드러워진 모습이었다.

"회장님~ 너무 드리고 싶은 말씀은 많지만, 핵심만 언급하도록 하겠습니다. 언어를 연구하는 세계적인 석학들은 각종 실험과 연구를 통해 이미 0-7세 아이들은 일정기간 일정횟수 이상 다국어를 노출해주면 7개 언어까지도 동시에 습득이 가능한 사실을 입증한 사례들은 많습니다. 다만, 이러한 것들을 상용화하지 못했죠. 또한 다국어를 하는 것이 진짜 어떤 능력을 만들어 주는지 구체적으로 설명하지 못한 부분들이 있습니다. 다국어를 하게 되는 것은 부산물일 뿐입니다."

"다국어를 하는 것이 그저 부산물이라니…." 천 회장은 연속으로 쇼크를 먹는 느낌이었다.

"0-7세 아이들, 특히 5-7세 아이들에게 다국어 동시 말하기가 갖는 의미는 바로 '익힘의 능력'을 만들어주자는 것입니다. 다국어 동시 말하기를 통해 이러한 목표를 설정한 이유는 유대인의 인재양성 시스템을 앞지르기 위한 것입니다. 유대인은 수천년의 역사 속에서 8세 이전에 다국어를 습득하도록 함으로써 전 세계를 쥐락펴락 할 수 있는 사회 각분야의 인재를 양성해 왔습니다. 다국어 습득이 성인이 되었을 때 미치는 영향이 정확하게 증명되기 전부터 유대인들은 전통처럼 해왔던 습관이기도 합니다. 세계적으로 유명한 유대인들을 연구하고 관찰하면서 알게 된 것이 바로 '다국어 습득'입니다." 제임스와 폴은 잠시 숨을 고르고 있었다.

"다국어 습득 과정에서 유대인에겐 과연 무엇이 심겨진 것일까? 외국어에 대한 자신감일까요? 아니면 엄청난 뇌 발달로 인한 창의성일까요? 뭐든 분명히 영향을 미친 것은 맞습니다. 그렇지만, 더 근본적인 것을 짚어야 합니다. 유대인이 다른 나라보다 특별히 머리가 좋은 것은 아닙니다. 그런데, 특별한 능력이 있다는 것을 알게 되었죠. 그게 바로 어릴 때 다국어 습득을 통해 '익힘의 능력'을 갖게 되었고 그 능력을 일과 삶에 적용했다는 사실입니다. 모방과 말하기 능력이 탁월한 시기에는 모방이 지겨움이나 지루함으로 인식되지 않습니다. 이 점이 중요합니다. 단순하면서도 반복적인 행위를 하면서 즐거워할 수 있는 시기에 익힘의 즐거움을 다국어 습득을 통해 형성했다는 겁니다. '다국어는 쉽다'는 인식이 어릴 때부터 갖게 되었고, 어른이 되어서도 다른 외국어를 익히는 것을 아주 쉽게 여긴다는 사실이죠. 비단 외국어 습득에만 영향을 미치는 것이 아니라 삶 자체와 자신의 분야에 적용하면서 익힘의 능력을 발휘하게 됩니다. 이것이 유대인들은 전통방식으로 교육환경에 자연스럽게 녹여져 있습니다. 우리는 이 부분을 집중적으로 연구했고, 다국어 동시학습 시스템이라는 프로그램으로 구축을 하게 된 겁니다. 이것을 교육환경안에서 제대로 구현할 수 있도록 만들어가고 결국에는 문화가 만들어지기를 바라는 마음입니다. 문화가 형성되면 교육의 근간이 변하기 시작할 겁니다."

"제가 큰 오해를 했군요. 아이들에게 다국어 동시 말하기를 통해 뇌발달과 엄청난 익힘의 능력을 동시에 갖출 수 있다는 사실에 놀라웠고, 부산물이 다국어 구사능력이라는 사실에 또 한 번 놀라게 됩니다. 대한민국의 우수한 프로그램이 해외로 나갈 수 있도록 돕고 싶은 마음이 확 생기는군요." 천 회장은 17년간의 개발과정과 한 길만 보고 살아온 두 사람의 이야기를 들으면서 울고 웃으며 깊은 신뢰감을 형성하기 시작했다. 이러한 인연이 앞으로 어떤 시너지효과를 일으킬지 지켜볼 일이었다.

TOL 다국어 동시 말하기,
생활이며 문화가 되다

태초의 언어는 개념과 표현이 하나였다. 다국어 동시 말하기 프로젝트
는 언어의 본질과 개념은 하나라는 사실을 증명하는 모험과도 같다.

_제임스 진, 폴 킴

"영어도 어려운데, 다국어를 동시에 한다고?"

"애들이 어떻게 다국어를 한다는 거지?"

"초등 연계도 안되는데, 왜 굳이 다국어를⋯.."

"왜 하필 영어, 중국어, 스페인어지⋯."

다국어 동시 말하기 프로젝트는 대한민국 역사상 단 한번도
고민할 필요가 없었던 질문들을 하게 만들었다. 제임스와 폴은
이런 질문의 답을 어떤 식으로 풀어가야 할지 고심해야 했다.
전국을 대상으로 교육기관과 교사 그리고 부모에게 고정관념을
무너뜨릴 기회와 접근 방법을 찾아야 할 뿐만 아니라 외국어 교
육의 새로운 패러다임을 어떻게 제시할 것인지도 함께 풀어야
할 숙제였다.

교육이란 사람을 변화시켜 주도적으로 시대와 문화를 만들어
가도록 이끌어 주는 지적 활동이다. 하지만 교육이 커리큘럼이
라는 거대한 패러다임에 갇히면서 변화를 만들어내지 못하고
있다. 결국 교육에도 혁명이 필요한 '교육혁명'시대를 살고 있

다. 코로나 19가 만든 비대면 교육시스템을 전국의 교육기관과 교사 그리고 부모들과 직접 소통할 수 있는 기회로 적극 활용했다. 매월 외국어 교육에 대한 다양한 주제와 [다국어 동시학습 시스템]안에 녹여져 있는 언어변환시스템의 이해, 다국어 동시 말하기와 뇌 발달, 우뇌 발달 중심의 좌뇌 브로카 영역 활성화, 놀이와 뇌 발달 등과 같은 다양한 내용으로 교육 주체자들과 소통을 하기 시작했다. 이러한 교육은 피교육자들의 이해를 만드는 과정을 통해 사회적 통념을 만들어 가는 효과가 있지만, 이론적 이해를 토대로 만들어가는 흐름보단 언어이기 때문에 입과 몸으로 익혀진 암묵적 지식이 확실한 증거이자 교육적 가치가 크다. 제임스와 폴이 2가지 모두 충족해줘야 하는 막중한 책임을 갖고 있었다.

매주 교육 현장을 방문하여 유아들이 얼마나 쉽게 다국어 동시 말하기 놀이를 잘 하는지 교사가 직접 확인할 수 있도록 도와주는 활동을 끊임없이 유지했다. 아이들이 부모와 헤어질 때부터 다시 만날 때가지 1만번 말하기를 생활 속에서 어떤 식으로 진행해야 하는지 구체적으로 코칭을 해주었다. 또한 교육 기관장과 교사 그리고 부모들을 대상으로 시대적 흐름과 다국어의 연관성부터 하나씩 줌교육을 통해 소비자와 직접 소통을 하기 시작했다. 제임스와 폴은 주로 대면 교육을 해온 터라 줌교육 환경이 낯설고 얼굴 없는 청중을 대하는 게 보통 어려운 게 아니었다.

사람이 있지만 없는 것처럼, 없는 것 같지만 있다는 가정하에 교육 세미나를 진행한다는 것이 여간 부담되는 게 아니었다. 그래도 자주 하다 보니 요령도 생기고 줌교육 참여자들의 호응도 조금씩 좋아지면서 높게만 보이던 다국어 동시 말하기 프로젝트의 문턱은 조금씩 낮아지기 시작했다. 인식의 저변확대는 고정관념을 무너뜨리고 새로운 패러다임을 만들어가는 시작점이었다. 전혀 생각하지 않았던 무언가를 생각하고 해결책을 찾아가는 과정은 인식에서부터 시작된다.

부모가 다국어에 대한 인식이 높아지고, 자녀들이 교육기관에서 다국어 동시 말하기 놀이 활동을 어떻게 하는지 알기 시작하면서 관심과 참여도고 높아졌다. 게다가 가정연계 활동을 통해 자녀와 어떤 식으로 다국어를 활용해야 하는지 알아가면서 1만번 말하기 과정이 자연스럽게 완성되기 시작했다. 뿐만 아니라 자녀가 셔틀 버스를 탈 때부터 다국어로 인사하고 교육기관에 도착하면 교사와 원장과다국어로 인사를 나누는 광경이 너무 자연스러워졌다. 교육기관에서 생활화면서 계단을 오르내리거나 식사를 하거나 자유시간은 물론 하교 할 때까지도 온통 다국어로 말하기 놀이를 하고 있었다. 다국어가 어렵다는 말은 순식간에 사라지고 다국어는 놀이라는 인식이 새롭게 생긴 것이다.

다국어는 생활이며 문화라는 것을 입증했고, 교육 관계자들 모두가 '영어도 어려운데, 다국어 동시 말하기가 가능할까'라는 의문은 '유아들은 동시에 여러 언어를 익힐 수 있는 능력이 있다'는 확신으로 탈바꿈이 되었다. 제임스와 폴은 언제부턴가 많은 사람들이 갖고 있는 다국어 동시 말하기의 의문표를 느낌표로 바꾸는 교육 혁명가의 길을 가고 있었다. 인식의 전환과 문화의 형성 그리고 유아들의 입이 이를 입증하고 있었다.

제임스와 폴은 가끔씩 생각했다. [다시 시작하는 영어 해방일지]를 시작할 때, 언어의 원천기술인 원석을 알아봐 준 최 이사장과 윤 원장 그리고 박원장과의 인연을 잊을 수가 없었다. 교육의 새 장을 열어보자고 의기투합해주신 세 분의 노력이 없었다면 [다국어 동시 말하기 프로젝트]는 태동조차 어려웠을지도 모른다. 꿈을 이뤄가는 삶의 여정 가운데 늘 도움을 주시는 분들을 잊지 않으려고 하지만, 여러가지 이유로 오해를 낳기도 하고 본의 아니게 피해를 주기도 했다는 생각에 괴로운 적도 많았다. 때가 되면 언젠가는 도움을 주신 분들에게 은혜를 갚을 날들이 오기를 희망하며 감사했다.

언어가 놀이가 된 아이들,
다국어 스타가 되다

요즘 한국은 'K-Story'로 통한다. 한국에서 만든 것은 세계적인 인기를 누리고 있다. 세계가 인정한 대한민국은 아시아의 유대인, 아니 이제 유대인을 넘으려 한다. _제임스 진, 폴 킴

대한민국의 청소년은 행복지수가 OECD 국가 중 하위권에 속한다고 한다. 학습 성취도도 마찬가지다. 우리에게 학습은 즐거움의 대상이 된 적이 없다. 입시 열기는 세계 최상위권인데, 배움의 즐거움은 최하위권이라는 사실이 무엇을 말하는지 생각해보게 된다. 유대인은 유아기때부터 부모가 책을 읽어주면서 책장에 꿀을 발라 둔다고 한다. 아이가 책장을 넘기다가 손가락을 빨게 될 때 꿀맛을 느끼게 되면 책을 읽는 즐거움, 다시 말해 배움에는 항상 즐거움이 있다는 인식을 갖도록 만들어 준다. 성인이 되어서도 이런 경험은 그대로 작용해서 늘 배우고자 하는 마음이 형성되어 있다고 한다.

우리의 교육 문화, 좀 더 정확하게 말하면 유아들이 대한민국의 교육환경에서 배움의 즐거움보다 익힘의 즐거움을 만끽해야 한다는 것이다. 우뇌 중심의 좌뇌 성장이 필요한 7세 아이들까지는 배움보단 익힘의 즐거움을 경험하게 해주는 것이 천재성을 유지하면서 익힘에서 시작된 즐거움이 배움까지 연결이 되

기 마련이다. 이는 개인 뿐만 아니라 국가적인 차원에서도 경쟁력 있는 대한민국이 될 것이기 때문이다. 이런 계기를 만들어 주기 위해 제임스와 폴은 부단히 노력했다.

각 교육기관에서 다국어 동시 말하기 놀이활동을 해오면서 어느 지역을 가든지 듣는 말이 있다. "얘들이 정말 재미있다고 해요."라는 말이다. 물론 기존의 영어 교육을 하면서도 듣던 말일지도 모른다. 하지만 다국어를 동시에 한다는 관점에서는 쉽게 나올 수 있는 말이 아니라는 것이다. 원장과 교사가 놀라고 부모가 놀라고 있다. 제임스와 폴은 이 말이 사실인지 확인하고 싶었다. 혹여 관례대로 보여주기식 행사가 이뤄지고 않도록 하기 위해 인천과 울산 그리고 부산과 경기도 지역에서 동시다발적으로 불시에 참여수업을 진행하기로 했다.

아침부터 분주하게 움직이는 교육기관들의 모습이 활기차 보였다. 아침 간식을 먹는 아이들의 모습이 무척 귀여웠다. 간식을 다 먹은 여자 아이가 빈 그릇을 들고 선생님께 가더니 "Gracias, maestro~"라고 말하자, 선생님도 "不客气"라며 응답을 했다. 대화가 아주 자연스러워서 중국계 스페인 아이처럼 느껴질 정도였다. 짧은 한 마디지만 신선하고 느낌이 좋았다. 간식 시간이 끝나고 다문화 교육시간이 시작되었다.

"早上好"라고 선생님이 친구들에게 인사를 하자, 모든 친구들이 자신들이 하고 싶은 나라의 말로 인사를 하시 시작했다. "Buenos días", "Good morning", "早上好" 라며 큰소리로 말했다. 시작부터 신난 모습이었다.

"친구들, 거북이 박수팀이 나와서 지난 3월부터 6월까지 익혔던 나라별 다양한 인사를 큰소리로 말해주면 같이 따라해볼까요?", "하오, 하오~~" 친구들이 중국어로 응답하면서 거북이 박수팀이 앞으로 나왔다. 거북이처럼 느리게 박수를 치면서 3-6월까지 익혔던 다국어 인사를 3개국어로 말하자, 모든 친구들이 거북이 박수를 치며 큰소리로 따라했다. 이번에는 토끼 박수 팀이 나와서 거북이 박수 팀이 했던 3개국어를 좀 더 빠른 속도로 박수를 치면서 말하자 모든 친구들이 신나게 큰소리로 따라했다. 독수리 박수 팀까지 같은 3개국어를 아주 빠른 속도로 박수 치며 모두가 따라했다. 스피드 말하기 놀이라도 하듯이 다국어를 가지고 신나게 놀고 있었다.

"거북이, 토끼, 독수리 친구들과 3개국어로 인사를 했으니, 이번에는 노래와 율동을 하면서 해볼까요?" "네~~네~~ 선생님" 대답과 동시에 최초의 다국어 동시말하기 Song을 들으면서 옆의 친구와 인사를 하는 율동을 하면서 다국어 노래를 따라 불렀다. 선생님은 이런 아이들의 모습을 App으로 촬영을 하고 있었다. 3-6월까지 다국어 송을 떼창을 하며 부르고 나자 아이들이 다음 순서를 무척 기다리는 눈치였다.

"이번에는 여러분이 빠르게 지나가는 영상 이미지를 보면서 다국어를 말해보는 시간이에요. 독수리처럼 빠르게 지나가니 친구들이 집중해서 보지 않으면 쑤욱~~ 지나가니 잘 보면서 다국어로 말해요." 친구들은 주먹을 쥔 채 긴장과 흥분의 도가니였다. 나라와 그 나라의 인사말에 해당하는 이미지가 순식간에 지나가면 해당 표현을 박수를 치며 빠르게 말해보는 놀이였다. 2분 정도의 시간에 아이들은 박수를 치며 빠른 속도로 큰소리로 말을 했다. 더 놀라운 것은 스피드 카드 놀이를 할 때, 소리를 듣지 않고 이미지만 보고도 아이들이 3개국어를 거침없이 말을 했다는 사실이다. 외우는 것 자체가 어려운 아이들이 이렇게 자연스럽게 말이 나오다는 것은 익힘의 과정을 경험하고 있다는 반증이었다. 여기서 끝이 아니었다.

"친구들이 가장 기다리는 시간이 돌아왔네요. 오늘은 무슨 놀이를 하면서 다국어로 말을 해볼까요?" 선생님의 질문이 떨어지기도 전에 손을 들며 자신들이 하고 싶은 놀이를 말하기 시작했다.

"오늘은 아바타 놀이를 하고 끝나면 징검다리 놀이를 하고 싶어요."

"징검다리 놀이가 끝나면 1+1 다국어 이어 말하기를 하고 싶어요." 얼마나 많이 다국어로 놀이를 했으면 저렇게 하고 싶어 할까 싶은 생각이 들었다. A, B팀이 나누고 2명씩 짝을 만들어서 아바타 놀이를 시작했다. 한 친구가 다국어로 명령하면 다른 친구가 명령한 다국어를 큰 소리로 따라한 후, 다국어 징검다리를 건너면서 생각나는 다국어를 말했다. B팀은 A팀이 한 명씩 다리를 건널 때마다 말했던 다국어를 앵무새처럼 따라했다. A팀 전원이 다리를 건넌 후에 한 명이 생각나는 다국어를 말하면 두 번째 친구가 첫 번째 친구가 말한 다국어를 말하고 자신이 생각나는 다국어를 하나 더 말을 했다. 하나씩 다국어를 추가해서 말을 하고 마지막 친구가 끝나면 게임 시간을 기록했다. B팀이 같은 방식으로 놀이를 하고 똑같이 시간을 기록해서 더 빨리 미션을 수행한 팀이 이기는 다국어 말하기 놀이였다. 이 과정을 선생님은 지켜보면서 중간마다 촬영을 했다. 신나게 노는 아이들의 모습을 그대로 영상으로 다시 보여주자, 친구들은 자기 얼굴이 나왔다며 좋아하면서 다음에는 더 재미있게 놀자고 말하는 모습을 지켜봤다.

다국어 동시 말하기, 유대인을 넘다

다국어
동시 말하기는 쉽다

우리가 쉽다고 생각하는 것안에는 반드시 익힘의 즐거움이 내재하고 있다. 무엇인가가 쉬워졌다는 것은 자신도 모르는 몰입의 과정과 그 과정이 즐거움으로 그 결과가 익힘의 능력으로 남는 것이다.

_제임스 진, 폴 킴

아이들이 이렇게 다국어를 가지고 놀이처럼 생각하는 일들이 있었을까? 단언하지만, 단 한 번도 없었을 것이다. 언어가 놀이가 된다는 것이 무엇을 의미할까? 아이들에겐 놀이가 삶이고 학습이며 인생이다. 다국어가 놀이가 되었다는 것은 바로 삶이 되었다는 것을 의미한다. 유대인은 알고 있었을 것이다. 엄마는 자녀에게 삶을 주고 싶었을 것이다. 선민으로 살면서 전 세계로 흩어져 살아야만 했던 조상들의 아픔을 이겨 내기 위해 언어가 얼마나 중요한지를 뼈 속 깊이 알고 있었을 것이고 그것이 삶 속에서 자연스럽게 전해지도록 다국어를 삶으로, 놀이로 만들어주려고 했을 것이다. 우리나라도 마찬가지다. 대륙의 끝에 자리잡고 있는 작은 나라가 수많은 외세의 침략과 나라를 잃었던 아픔까지 고스란히 안고 있다. 그래서, 아무런 자원도 없는 대한민국이 국력을 기르는 것은 글로벌 인재와 문화강국이 되는 길 뿐이다.

인류 역사에 짧은 기간에 경제와 국력이 급성장한 나라는 대한민국이 유일하다. 앞으로 미래사회를 살아갈 힘은 창의적인 사고와 문제해결능력이 탁월해야 한다. 인공위성을 자체 개발하고 발사할 수 있는 세계 7위 나라이며 초음속 전투기를 자체 개발한 세계 8번째 국가가 바로 대한민국이다. 많은 미래학자들이 대한민국은 앞으로 세계 5위의 경제력을 갖춘 나라가 될 것이라고 말한다. 이제 마지막으로 갖춰야 할 것이 바로 글로벌 인재로서 언어의 장벽을 넘는 것이다. 우리나라는 지금 그 길을 가고 있고 제임스와 폴은 대한민국의 국민으로서 그 역할을 하고 싶었다.

이런 사명감을 갖고 있는 제임스와 폴은 전국의 참관수업을 하면서 미래 우리 아이들의 모습을 엿볼 수 있었기에 감동과 흥분을 함께 느낄 수 있었다. 제임스와 폴의 즐거움과 상관없이 영어가 아닌 다국어를 이토록 즐겁게 놀이처럼 여기면서 한바탕 즐기는 모습을 보면서 이들에게 '익힘의 능력'이 심겨지고 있다는 사실을 분명하게 볼 수 있었다. 익힘의 능력은 모든 것을 쉽게 만드는 힘이 있다. 아니 '쉽다'고 느낄 때까지 즐겁게 만드는 힘일지도 모른다.

한편으론 제임스와 폴은 수업 전체가 완벽하게 놀이로 구성되고 있다는 점이 뿌듯했다. '외우지 않고 빠른 속도로 큰소리 익힘 리듬읽기'라는 코칭법을 완벽하게 놀이로 승화시킨 현장을 본 것이다. '외우지 않고 빠른 속도로 큰소리 리듬읽기'를 음원의 속도를 1~3단계로 변화를 주면서 스피드 말하기로 구현했고, '외우지 않고 리듬 읽기'를 스피드 카드를 넘기면서 박수치며 말하기와 다국어 동시 말하기 노래를 통해 리듬이 있는 율동으로 실현했으며, '외우지 않고 빠른 속도로 큰소리 익힘 리듬읽기'를 다국어가 놀이가 되는 다국어 말하기 놀이활동으로 완벽하게 표현했다는 생각이 들었다.

난순하면서도 강력한 코칭법을 다양한 놀이형태로 1만번 이상 말하기를 실현함으로써 자동기억이 될 수 있도록 했고, 익힘을 통한 즐거움을 만끽할 수 있도록 했다. 또한 매월 이러한 활동안에서도 '늘 처음부터'라는 원칙으로 첫 달 처음 익혔던 다국어 문장이 3년 후에도 시스템안에서 익혀질 수 있도록 코칭큘럼이 작동하고 있다는 것이다. 전문 교사가 아닌 일반 교사가 엄마처럼 매일 다국어를 표현할 수 있도록 격려하고 칭찬할 수 있도록 하여 1만번 말하기를 실현할 수 있도록 했다는 점이 중요했다. 이런 코치의 역할을 교사가 해주기 때문에 아이마다 언어발달 과정이 조금씩 차이가 나더라도 3~4년 내내 모든 문장을 여러 형태로 계속 익히는 환경이 가능하다. 교사는 아이들에게 계속 말을 하는 다양한 형태의 기회를 제공하고 있을 것이다. 다만 우리 모두가 기다림의 미학을 안다면 자연스럽게 3개국어를 말하는 아이로 성장하게 될 것이다. 이것이 개인에게 일어나는 익힘의 과정을 통한 익힘의 능력이 형성되는 것이며, 군국적으론 코칭법을 활용한 놀이형태로 스며든 다국어는 '쉽다'라는 인식을 갖게 되는 것이다.

다국어 말하기는 쉽다는 인식은 아이들에게 엄청난 힘이 된다. 익힘의 즐거움 안에서 형성된 익힘의 능력이 '다국어는 쉽다'라는 인식이 되었기 때문에 어른이 된 후에도 새로운 언어를 습득하고자 할 때 아주 쉽게 익힐 수 있다. 또한 새로운 분야에서도 익힘의 능력을 사용한다는 것이 개인과 국가의 경쟁력으로 작용한다는 것이다. 우리는 아직도 다국어를 한다는 것이 어렵다고 생각하고 있을 것이다. 그런 당신은 아직도 언어의 고정관념에 사로잡혀 있는 것이다. 이런 고정관념이 자녀의 미래를 움켜잡지 않도록 스스로를 돌아봐야 한다. 자녀에게 다국어를 외우게 하거나 이해시키려는 당신을 조심해야 한다.

제임스와 폴은 참관수업을 거치면서 더욱 확신을 갖게 되었다. 다국어 동시 말하기는 불가능하다는 대한민국의 패러다임을 아이들의 입을 통해 완벽하게 무너뜨렸다는 것이다. 대한민국이 다국어 능통자라는 사실이 완벽하게 부활되면서 기성세대의 외국어 교육관을 뿌리채 뒤흔들어서 마음 밭을 갈아 엎었으면 한다.

부모가 자녀가 되고,
자녀가 코치가 되다

언어의 시작은 부모가 자녀에게 '엄마'라고 할 때다. 자녀는 엄마의 '엄마'소리가 세상과 사람을 이해하는 시작이었다. 자녀가 말하는 다국어를 부모가 따라하면서 자녀와 언어를 이해하는 시작이 되기를 바란다.

_제임스 진, 폴 킴

　우리 모두는 누군가의 자녀였다. 부모는 자녀에게 평생 사용할 수 있는 가장 중요한 자산인 언어를 남겨주었다. 언어는 세상과 사람을 이해하는 가장 본질적인 사랑의 표현이며 그 시작은 '엄마'였다. 엄마는 아이에게 '엄마'라는 표현을 알려주고 있지만 실은 사랑을 알려주고 있었다. 그래서, 언어의 시작은 사랑이었고 사랑의 시작은 언어였다. 엄마가 아이의 모든 것임을 알려주는 과정에서 '엄마'라는 표현을 7천번에서 2만번 정도를 옹알이를 하면서 사랑이라는 감정을 받아들이기 시작한다. 잠재의식 속에 존재하는 사랑이라는 의미를 '엄마'라는 단어 안에서 의식 안으로 불러오는 과정이 너무나 숭고하고 드라마틱하지 않은가? 엄마는 아이에게 모든 것이고 사랑임을 '엄마'에 담아냈다.

　자식이 자라고 나면 지식이 아닌 생명의 언어로 자녀와 부모가 대화하는 경우가 많지 않다. 또한 자녀와 부모가 외국어를 가지고 서로 대화를 한다는 것은 더욱 어려운 일이다. 외국에 다녀본 경험이 없는 자녀와 부모가 다국어를 가지고 대화를 한다는 발상 자체가 신선하지 않을까? 만약에 영어, 중국어, 스페인어를 가지고 부모와 자녀간 대화를 하는 장면을 상상해보자. 유럽이 아닌 이상 새로운 가정 문화 중에 최고로 손꼽힐지도 모른다. 제임스와 폴은 교육기관에서 다국어를 사용한 것을 부모와 함께 사용할 수 있는 방법을 고심하던 끝에 자녀들의 뇌 발달 과정에 맞는 역할 놀이를 해보면 좋겠다는 생각을 하게 되었다.

[학부모 레터]라는 형식으로 각 가정으로 통신문을 보냈다. 자녀들이 3월에 익혔던 다국어 표현을 듣다 보면 굉장히 궁금하시겠지만 기다려 달라는 문구와 함께 가정연계 컨텐츠 활용법을 자세히 안내했다. 3월에 익힌 다국어 표현을 4월 초에 부모의 핸드폰으로 전송하게 되면 이때부터 부모와 자녀는 역할 놀이를 시작하기로 했다. 말과 글에는 힘이 있기 마련이다. 학부모 레터를 받은 부모들은 새로운 외국어 문화를 경험하기 시작했다. 얼마의 시간이 흘렀을까? 제임스와 폴의 메일로 영상이 몰려들기 시작했다.

"엄마. 지금부터 내가 하는 말을 앵무새처럼 잘 따라해봐"

"그래, 알았어. 기대가 되는데….."

"¿Qué es esto?, ¿Qué es esto?, What's this, 这是什么?" 6세 아이의 목소리를 듣고 엄마는 떠듬떠듬 따라하기 시작했다.

"¿Qué··· es··· esto?, ¿Qué es esto?, What's this, 这..是···.
什···..么?" 떠듬거리며 읽은 엄마의 모습이 우스웠는지 아이는
막 웃기 시작했다.

"수빈이···너, 엄마한테 이러면 안되지··· 우리 수빈이가 한국말
처음 따라할 때 엄마는 엄청 칭찬했는데 말이지." 엄마는 수빈이
어릴 때를 떠올리며 웃으며 말했다.

"엄마, 내가 한글로 말을 배울 때 엄마처럼 똑같이 떠듬거렸
어?" 수빈이는 한국어를 처음부터 잘한다고 착각을 하고 있었다.

"그럼, 엄마처럼 떠듬거리며 말을 하다가 어느 순간 한국말
을 엄청 잘하더라. 입에 모터가 달린 것처럼 말이지." 두 모녀
는 갑자기 옛 추억을 소환하느라 정신이 없었다. 한참 수다를
떨다가 수빈이가 다시 다국어를 말하자 엄마는 앵무새처럼 따
라하기 시작했다. 수빈이가 다국어를 가르쳐 주는 부모가 되
고, 부모는 언어를 배우는 자녀가 되는 역할 놀이를 시작하게
되었다. 수빈이 영상 뿐만 아니라 온 가족이 다국어로 대화하
는 모습을 보내오신 분들도 많았다. 부모와 자녀가 다국어로
역할 놀이를 하면서 즐거운 시간을 보내는 모습이 참 신선했
다. 일시적인 현상일지도 모른다. 그러나, 분명한 것은 모든 것
에는 흐름이라는 것이 있기 마련이다. 매월 부모와 자녀는 가
정연계 컨텐츠를 통해 역할 놀이도 하고, 교육기관에서 하고
있는 다양한 다국어 말하기 놀이활동을 공유할 수 있도록 했더
니 호응이 굉장히 좋았다.

다국어라는 언어를 놀이의 교구로 활용한다는 것이 좋은 반응을 얻은 것이다. 엄마가 심판이 되고 아빠와 자녀가 다국어 쌀.보리 놀이를 했다. 스페인어가 쌀이고 중국어가 보리였다. 아빠가 주먹을 자녀가 양손으로 만든 손 보자기에 넣으면서 중국어를 하면 자녀는 아빠 주먹을 잡지 못하고, 스페인어를 하면 아빠 주먹을 잡으면 이기는 놀이였다. 아빠와 자녀는 자신들이 알고 있는 중국어와 스페인어를 마구 말하면서 다국어 말하기 놀이에 열중하고 있는 모습의 영상을 찍으면서 웃고 있는 엄마의 모습까지도 즐거워 보였다. 갈수록 핸드폰 게임과 영상에 많은 시간을 보내는 가족들의 모습에 새로운 가족 문화를 만들어보는 시도로 괜찮다는 생각이 들었다. 다국어 동시 말하기 프로젝트에 참여하는 가정들이 많아지면서 저변확대에 상당한 영향을 미쳤다.

다국어놀이학습코칭지도사,
브레인리더의 길을 열다

영어의 대중화를 위해, 이제는 다국어의 대중화를 위해 꿈꾸고 있는 것 중에 하나는 엄마가 모국어의 코치였듯이 다국어 코치가 되는 것이다. '10만 다국어 코치'만 있다면 대한민국의 미래는 밝다.

_제임스 진, 폴 킴

　제임스와 폴은 10여년 전부터 늘 꿈꾸던 것이 있었다. 엄마가 자녀의 언어 코치가 되는 것이다. 부러우면 지는 것이라고 한다. 유일하게 유대인이 부러운 것이 있다면, 엄마로부터 다국어 교육이 시작된다는 것이다. 다시 말하지만, 유대인의 엄마는 다국어 전문가가 아니다. 우리나라만큼 교육열이 높지만, 교육의 방향과 목적이 분명하게 다르다. 언어의 본질을 훼손하지 않는 테두리 안에서 말하기와 사고력 중심의 교육을 전통적으로 해오고 있다. 유대인의 엄마로부터 엄마에게 전해져 내려온다. 유대인의 철칙은 엄마가 유대인이어야만 된다. 유대인의 천재성의 비밀은 엄마로부터 이어져왔기 때문이다. 그렇다고 엄마가 교육 전문가는 아니라는 사실이 놀라울 뿐이다. 이미 유대인은 자녀교육의 원칙과 철학이 조상으로부터 이어져 왔으며 결국 하나님의 말씀으로부터 시작된 교육이었다.

　유대인의 엄마는 자녀가 태어나자 마자 7세까지 3개국을 자연스럽게 생활 속에서 끊임없이 말하도록 이끌어 준다. 반드시 말하기 중심이라는 사실을 주목해야 한다. 말하기를 통해 먼저 언어를 습득하도록 하는데 중점을 두고 있다. 그리고 저녁이면 아빠는 자녀에게 탈무드를 읽어준다. 유대인들의 철칙이다. 자녀가 어릴 때 부모는 3개국어를 늘 말하도록 시간과 노력을 아끼지 않는다. 이렇게 잘 형성된 언어와 뇌발달을 중심으로 탈무드를 통해 사고력 향상을 위한 하브루타 교육을 시작하게 된다. 너무나 과학적이고 자연스러운 교육의 흐름이다. 말을 충분히 하도록 이끌어 준 후에 말하기 중심으로 묻고 답하는 과정을 보면 그 중심에는 다국어와 탈무드가 있다.

유대인은 엄마를 통해 수천년 동안 다국어와 탈무드를 활용하여 뇌 발달을 자극하고 지식기반의 정보를 축적하여 말하기 중심의 논리적 사고를 갖출 수 있도록 0세부터 자기들만의 교육문화를 만들어 온 셈이다. 그러니, 얼마나 삶 속에 자연스럽게 묻어나오겠는가? 제임스와 폴도 대한민국의 엄마들에게 이런 문화를 소개하고 우리만의 한국형 브레인 리더(Brain Leader)를 양성하여 문화를 만들어가야 한다고 생각했다. 학부모 줌 교육을 통해 다국어에 대한 전반적인 이해를 형성하고, 그 이해를 토대로 자신의 자녀를 교육해보는 연습과 동시에 부모들의 모임을 연대하여 새로운 교육문화를 만들어가는 노력을 하기로 했다.

다국어를 동시에 말한다는 것부터 이해하는 데 적지 않은 시간이 걸렸다. 자녀들을 통해 다국어 동시학습의 가능성과 실재를 경험하고 나서야 비로소 조금씩 관심을 보이기 시작했다. 특히나 자녀가 2명 이상인 부모들이 적극적으로 참여하는 모습이었다. 줌교육과 학부모 레터 그리고 '다국어놀이학습코칭지도사 3급 과정 모집' 안내문을 [다국어 동시학습 시스템]을 체험하고 있는 부모들 중심으로 홍보를 하기 시작했다. 몇 차례의 시도가 시들어갈 무렵, 유아들이 홍보대사가 되면서부터 탄력을 받았다. 아이들이 다국어로 말을 하니 부모도 좋고, 아이들이 더 하고 싶다고 하니 교육기관에서 진행하는 내용보다 더 많은 것을 누군가가 추가로 코칭을 해야 하는 상황으로 전개되자, 자연스럽게 부모가 나설 수 밖에 없었다. 이미 50여명의 '다국어놀이학습코칭지도사 3급' 보유자들이 각 교육기관을 방문하면서 새로운 직업군으로 활동하고 있고, 7세 졸업한 유아들에게 다국어 동시학습을 더 경험할 수 있도록 코칭할 수 있는 환경을 만들어가고 있는 실정이다.

이런 분위기에 부모가 자녀 교육의 주체자로 다시 등판할 수 있다는 게 흥미롭다. 초등때부터 학원으로 내몰려야 하는 아이들의 쳇바퀴 인생에 재동을 걸었으면 한다. 그 시작을 2022년 6월이 되고 나서야 '학부모 다국어 코치 10만명 양성'의 첫 발을 내디딜 수 있었다. 권역별로 모집된 인원은 100여명 정도였다. 이들을 중심으로 유대인의 교육문화를 토대로 더욱 발전시키고 한국형 글로벌 인재를 양성하는 브레인 리더의 문화를 만들어갈 불씨로 충분했다. 대한민국의 부모가 어떤 존재인지 우리 스스로 증명해 보여야 할 때다.

익힘(習)의
능력을 깨운 아이들

어느 분야의 최고가 되는 사람들의 특징은 익힘의 능력을 가지고 있다
는 점이다. 유아 시기에 보편 타당한 방식으로 익힘의 능력이 있다는
사실을 알려줘야 한다. 그게 바로 언어다. _제임스 진, 폴 킴

제임스와 폴은 교육관계자들에게 제법 이름이 알려지기 시작
했다. [다국어 동시학습 시스템]이 특허를 받으면서 시기하거
나 부러워하거나 좋아하는 사람들이 생기면서 어떤 형태로든
이름이 알려지기 시작했다. 다국어 동시학습의 이론이나 개념
을 자신들의 교육 프로그램에 적용해서 새로운 프로그램을 만
들려고 하는 사람들도 있고, 업계에서 살아남아야 하니 유사한
프로그램을 만들어서 시판하는 경우도 생기기 시작했다.

두 사람은 17년을 오면서 확실히 안 사실이 있다. 언어라는
부분을 다루면서 사업을 한다는 것 자체가 쉬운 일이 아니라는
것과 17년의 노하우를 그냥 복제한다는 것도 어렵다는 사실이
다. 교육 사업이라는 것을 표방하고 있지만, 이 보다 더 중요한
것은 언어는 언어로서 역할을 하도록 돕는 것이다. 교육시장의
왜곡으로 언어의 본질과 본성이 훼손된 부분이 너무나 많기에
이 부분이 회복되기를 간절히 바라는 마음이 크다. 언어는 사
업의 대상이 아니며 경쟁의 대상도 아니다. 그렇지만, 언어의

본래 의미가 회복되기까지 수많은 고정관념으로 형성된 외국어 교육과 부딪쳐야 하기 때문에 어느 기간까지는 서로에게 경쟁이라는 치열함이 존재할지도 모른다.

제임스와 폴은 '다국어 브레인리더'가 10만명 정도 양성되면 그 후부터는 언어가 교육 사업의 형태가 아닌 유대인의 언어문화처럼 불필요한 경쟁체제 없이 엄마가 어린 자녀에게 다국어를 삶 속에서 자연스럽게 익힐 수 있도록 문화가 형성되어 있지 않을까? 라는 기대를 해본다. 다국어로 자연스럽게 세상과 사람을 이해하고 무한한 가능성을 스스로 발견해가는 아이들의 모습을 상상하면 괜히 기분이 좋아진다. 지금 이 시간에도 전국에 있는 유아들이 한참 다국어 동시학습 시스템을 통해 다국어를 익히고 있다. 그저 재미있게 놀면서 새로운 세상과 문화를 경험하고 있는 중이다. 이런 과정이 벌써 2년을 향해 가고 있다.

가끔씩 App을 통해 전국의 아이들이 다국어 말하기 활동을 하는 영상을 보면서 즐거움을 느낀다. 초롱초롱한 눈빛으로 카메라를 바라보며 자신들이 알고 있는 다국어를 1분동안 쉬지 않고 폭풍 말하기를 하는 걸 보면 신들린 연기를 하는 것 같기도 하다. 머리를 긁적이면서 입에서는 다국어가 끊이시 않고 나오더니 2분을 넘기는 경우도 많았다. 1년마다 선생님이 변경되는 경우도 많지만, 아이들은 1년전에 익혔던 다국어 표현을 너무나 잘한다. 그저 선생님은 컨텐츠를 재생해주고 아이들이 말할 수 있는 시간과 환경만 만들어주면 만사형통이었다. 선생님이 발음하기 어려워하면 아이들이 선생님이 되어 친구들에게 알려준다. 2년 전에는 과히 상상도 못했던 일이 일어나고 있다. 이제 서서히 일상으로 자리를 잡아가고 있다는 생각이 들 정도로 자연스러워지고 있다.

어느 날, 제임스와 폴은 지나가던 길에 수원의 한 원을 방문했던 적이 있었다. 사전 약속도 하지 않았지만, 원에서는 아이들이 얼마나 다국어를 잘 활용하고 생활화하고 있는지 보여주고 싶고, 아이들에게 도움이 될 만한 것이 있으면 하나라도 더 제공하고 싶어했다. 7세 아이들이 지나가면서 3개국어로 인사하는 것은 기본이고 제임스와 폴의 이름을 물어보기도 하고 만나서 반갑다는 말도 서슴없이 사용했다. 1만번 이상 익혀진 말들이 자주 사용하면서 어떤 상황에 어떤 말들을 해야 하는지 조금씩 인식하고 있다는 생각이 들었다. 서로 반갑게 다국어로 인사를 하고 손을 흔들며 다음에 또 만나자는 말을 하며 지나가는 모습이 딱 원어민 같았다. 1년 전에 만났던 교사들도 오랜만에 만나자 반갑게 웃으며 스페인어로 인사를 했다. 너무나 자연스러웠다. 제임스와 폴은 안다. 이런 모습은 1년 전에는 상상도 못했던 반전이라는 사실을……

대한민국에 다문화 가정이 형성되기 시작한지 대략 15년정도 흘렀다. 지금은 전국 어디를 가더라도 교실에 한 두 명은 다문화 가정의 자녀가 있기 마련이다. 다문화 자녀들이 어느 정도 성장하면서 대한민국의 국가 경쟁력으로 서서히 인식되고 있다고 한다. 동남아 진출 시, 한국어와 엄마의 모국어를 구사하고 영어까지 가능하니 순수 한국 사람보다 더 경쟁력이 높은 게 불문율이 된 게 현실이다. 다문화 가정의 시선이 많이 좋아지고 있고, 다국어라는 관점으로 다문화 가정을 바라보면 굉장히 좋은 언어환경을 가지고 있는 셈이다. 이제 특수한 다문화 가정만 다국어를 사용하는 것이 아니라 교육 환경 전반에 걸쳐 다문화의 핵심인 다국어를 사용할 수 있도록 하는 것이 필요한 시기다. 그런 의미에서 우리 아이들이 3개국어를 자연스럽게 교육기관과 가정에서 사용하고 있다는 것은 다행한 일이다.

이미 모국어를 통해 아이들이 익힘의 능력이 있다는 것을 알았고 우리도 그런 능력이 있었음을 모국어 습득으로 경험한 바 있다. 이제는 7세까지 다국어를 동시에 익히게 함으로써 '다국어는 쉽다'는 것을 스스로 깨닫게 해줄 필요가 있는 것이다. 자신이 다국어를 습득했던 경험이 익힘의 능력으로 인식될 때 어느 분야를 가더라도 이 원천기술을 응용하여 사용하게 될 것이다. 아이들과 교사들이 다국어 사용이 자유로워진 것을 보며 제임스와 폴의 발걸음은 한결 가벼웠다.

다국어 동시 말하기, 유대인을 넘다

익힘(習)의 흔적으로
다국어 동시 말하기의 히스토리를 만들다

과정은 흔적과 기록의 연속이며 결과는 마지막 흔적과 기록을 의미한다. 과정과 결과를 잘 표현한 것을 우리는 히스토리라고 한다.
_제임스 진, 폴 킴

제임스와 폴은 전국에 [다국어 동시학습 시스템]이 운영되고 해외의 관심을 받기 시작하자, 자꾸 과거의 실패했던 일들이 생각이 났다. 스스로 영어가 어려웠고, 당대에는 대한민국의 영어의 한을 사라지게 해보겠다고 〈영어는 기술이다〉, 〈미라클 영어코칭〉 저자로 활동하면서 뛰어든 외국어 교육 시장은 만만치 않았다. 저자이면서 개발자다 보니 매번 부족하다는 생각을 많이 했다. [다국어 동시학습 시스템]이 구축되기 위한 개념들의 정립과 실제 증거들이 처음부터 완벽하게 준비되지 않았다.

영어로 시작된 외국어 교육이 다국어로 확대되기까지는 매년마다 다양한 시도와 과정을 거치면서 코칭법, 습시너지 효과, 원천기술등과 같은 개념들이 정리가 되는 시기가 있었다. 영어에서 영어와 중국어로, 영어와 중국어에서 3개국어 이상의 모델을 만들어가는 과정에서 J1프로그램이라는 미 국무성 장학프로그램이 큰 역할을 했다. 학창시절에 싼 비용으로 해외 국립교육기관을 1년씩 경험할 수 있는 프로그램을 운영하면서 영어와 중국어, 중국어와 스페인어를 동시에 익혀야 하는 필요성이 대두되기도 했다. 뿐만 아니라 국제학교 교육 과정의 일환으로 다국어 동시학습 프로그램을 운영하면서 유아부터 국제대안학교까지 다양하게 3개국어 동시 말하기를 적용해보면서 언어변환시스템이나 코칭큘럼 그리고 연령과 뇌발달에 맞는 놀이활동의 필요성을 인식할 수 있었다.

17년이라는 세월속에서 포기하지 않고 전진하다 보니 그때그때마다 업그레이드되는 과정을 경험할 수 있었죠. 이런 과정이 다양한 결과물로 우리의 히스토리가 되었다. 교재의 변천과정이나 프로그램의 업그레이드 과정 그리고 구성 컨텐츠의 다양성도 한 몫을 했다. [다국어 동시학습 시스템]이 발전해오고 변화해온 그 자체였기 때문에 학습자도 자신의 다국어 발전 과정을 히스토리를 고스란히 간직할 수 있도록 프로그램화 되어 있다.

매월 자신의 다국어 습득과정, 즉 다국어 구사능력의 향상과정을 기록물로 남겨둘 수 있도록 구성했다. 수많은 어학 프로그램이 진단 및 평가형태로 언어학습 능력을 평가하는 경우는 많지만, 다국어 구사능력 과정을 평가하는 방식은 드물다. 예를 들면 이런 식이다. 5세 아이가 처음 다국어를 시작할 때 무슨 말부터 했으며 어떤 놀이를 좋아했는지, 그리고 다국어를 쉬지 않고 말할 수 있는 시간이나 문장의 개수가 얼마나 되는지를 매월 리포트를 작성할 수 있으며, 이 모든 과정을 실제 영상으로 빠짐없이 보관할 수 있도록 시스템을 구축했다.

부모는 5세때 자녀가 다국어 동시학습을 했을 때를 늘 확인할 수 있고, 7세까지 자녀의 다국어 구사능력이 변화과정을 그래프와 다양한 놀이활동의 변화 그리고 영상으로 고스란히 보관할 수 있도록 포트폴리오가 가능하게 프로그램을 만든 것이다. 우리 모두는 자녀가 막 태어났을 때부터 현재까지 자녀가 어떤 추억을 쌓으며 성상했는지 사진이나 일기 혹은 영상의 형태로 다양하게 남겨둔다. 먼 훗날 혹은 자라는 과정에서 기록물을 함께 보면서 서로의 추억을 회상하며 즐거웠던 날들을 공유하고 행복한 기억을 떠올린다. 부모와 코치 그리고 다국어를 익히는 자녀가 모두 함께 추억할 수 있는 포트폴리오를 가지고 있다는 것은 부모에게는 자부심이고 자녀에게는 자신의 모습을 통해 성장하는 과정을 스스로 볼 수 있기 때문에 자신감이 생긴다.

스스로 자신의 다국어 구사능력의 발전 과정을 확인한다는 것은 중요한 의미가 있다. 우선, 다국어 습득과정을 관찰함으로써 떠듬거리며 시작한 자신의 모습부터 자연스럽게 다국어를 하는 모습까지 시작과 결과를 한 눈에 보게 된다. 이것은 자신의 발전과정을 긍정적으로 생각하게 만든다. 시작과 끝을 한 몫에 보는 눈이 생기면 무슨 일이든 끝의 결과를 생각하면서 시작하기 때문에 포기하지 않게 된다. 둘째, 과정에서 보여지는 즐거움을 확인함으로써 자신을 관찰하는 힘을 기르게 된다. 다국어를 놀이처럼 즐기면서 했던 경험이 무엇인가를 이룰 수 있다는 자신감으로 이어지기 때문이다. 마지막으로 자신이 다른 무엇을 하든지 시작과 끝을 스스로 점검하고 기록하는 습관을 갖게 된다. 이것이 우리가 결과 중심이 아닌 과정 중심으로 기록물을 남기도록 하고 즐기는 모습을 담아내려고 포트폴리오를 구축한 진짜 이유이다.

3개월 차 평가 문항	– □ ×

다국어표현능력

언어적사고장치를 심기 위한 씨앗이 되는
▶ 15 단어, 5 문장이 자연스럽게 나와요.

6개월 차 평가 문항	– □ ×

다국어표현능력

언어적사고장치를 심기 위한 씨앗이 되는
▶ 50 단어, 20 문장이 자연스럽게 나와요.

1년 차 평가 문항	– □ ×

다국어표현능력

언어적사고장치를 심기 위한 씨앗이 되는
▶ 120 단어, 60 문장이 자연스럽게 나와요.

2년 차 평가 문항	– □ ×

다국어표현능력

언어적사고장치를 심기 위한 씨앗이 되는
▶ 400 단어, 200 문장이 자연스럽게 나와요.

주니어다국어놀이학습코칭지도사,
유아의내적동기가 되다

내적동기는 어떻게 일어나는지 알기가 쉽지 않다. 다만 모든 것을 다
르게 보게 만드는 어떤 일이 스스로에게 일어났을 때 발생하는 에너지
이며 쉽게 사라지지 않고 지속되는 경향이 있다. _제임스 진, 폴 킴

제임스와 폴은 쩹시너지효과(Y = X(X−1)*@, @는 내적동기)
를 언급할 때마다 내적동기를 중요시 여긴다. 어른이 된 대부
분의 사람들은 아이와 같이 똑같은 행동을 지속적으로 할 수 있
는 경우가 드물다. 지루함이라는 익숙함이 무엇인가를 지속하
는 것을 극도로 싫어하기 때문이다. 그래서, 어른이 된 후 외
국어를 하는 것은 스스로 내적 동기가 형성되지 않으면 극복하
기 어렵다. 왜냐하면 같은 단어와 문장을 1만번 이상 말을 해야
하는데, 그것이 웬만해서는 지루해서 못한다. 이미 알고 있다
는 머리 속의 생각이 지루함을 못 견디게 한다는 뜻이다. 제임
스와 폴은 이미 베르니케 영역에서 세상을 분석하고 해석하면
서 자신만의 관점으로 세상을 살도록 시스템화 된 상태이기 때
문에 이 시스템에서 벗어나도록 도와주는 것과 스스로 벗어나
려고 하는 내적동기가 형성되도록 코칭하는 과정을 경험하면서
힘든 적이 많았다.

내적동기는 말 그대로 스스로 내면에서 자신의 변화된 모습

을 상상하면서 이미 이뤄진 자신의 모습을 미리 맛보는 것으로부터 시작된다. 그것이 뇌를 속이는 것이고 이용하는 것이기도 하다. 예를 들면, 언젠가 한 기업가가 제임스와 폴을 찾아왔다. 그는 자신이 해외를 자주 나가야 하는데, 늘 항상 동시통역사를 대동하다 보니 비용이 만만치 않았다. 이런 식으로 계속 비용을 지불할 바엔 자신이 영어를 하는 것이 훨씬 경제적이라는 생각이 들자, 수소문 중에 〈영.기〉의 저자인 제임스와 폴을 찾아온 것이다. 해외 사업자와 직접 소통의 필요성과 비용의 효율성이 인식되면서 내적동기가 형성된 셈이다. 제임스와 폴은 월 600만원씩 3개월이면 저자가 지시하는 대로 한다는 조건을 붙이고 3개월에 안되면 전액 환불해주기로 약속을 했다. 기업가는 전액 환불해준다는 말에 아낌없이 3개월 비용을 지불했다. 제임스와 폴은 이미 이 사람은 영어를 할 수밖에 없다고 확신했다. 내적동기가 형성된 상태이기 때문에 어떤 어려움이나 힘든 상황이 와도 절대로 포기하지 않게 되어 있었다.

제임스와 폴은 매일 3차례씩 3,000단어 1,000문장을 '외우지 않고 빠른 속도로 큰소리 리듬읽기'방식으로 훈련을 한 후, 훈련기록을 하고 3분 말하기를 하면서 떠오르는 단어와 문장을 '바를 정'자를 쓰면서 기록하도록 했다. 단 하루도 빠지지 않고 3번씩 했다. 어떻게 되었을까? 맞다. 이 사업가는 3개월 만에 기본 문장이 줄줄 나오자 이후부터는 자신의 전문 용어를 같은 방식으로 스스로 훈련해서 해외 사업을 멋지게 하고 있다. 이렇게 하면 다 된다고 생각할지도 모른다. 뻔한 방식이지만 결국 어른은 스스로 내적동기가 만들어지지 않으면 백퍼센트 실패한다.

유아들은 어떨까? 어른들의 경험을 토대로 유아를 살펴보면 내적동기는 유아들에게도 매우 중요하다. 단, 어른과 다른 점이 있다면, 유아들에겐 탁월한 모방의 능력이 있으니 이 능력을 잘 발휘할 수 있도록 도와주면 된다는 점이다. 어른들은 막대한 시간과 돈 그리고 어떠한 혜택을 볼모로 내적·외적 동기를 자극해야 하는 어려움이 있지만, 아이들은 칭찬과 격려만으로도 가능하다는 말이다. 다국어를 동시에 말하는 과정에서 지루하다는 생각이 없지만 지칠 줄 모르는 모방으로 다양한 놀이 활동으로 익힘의 시너지효과를 경험하면서 익힘의 능력이 형성된다. 이 과정에서 교사의 칭찬과 격려는 내적동기의 핵심이다. 어차피 교사들은 유아들이 1만번 이상 말하는 것을 알고 있으니 오늘 틀렸다고 지적할 필요도 없다. 3-4년이라는 절대적 시간과 1만번이라는 절대적 횟수만 채워지면 다국어를 동시에 자동으로 말을 할 수 있다는 것이 매우 중요하다. 유아는 이것이 가능한 시기이며 이때를 놓치지 않으면 된다.

이런 경험으로 성장한 유아들이 어른이 된다면, 지금의 어른들이 느끼는 다국어에 대한 고정관념과는 전혀 다르게 형성될 것이다. 이들은 분명히 말할 것이다. '다국어는 쉽다'라고 말이다.

제임스와 폴은 벌써부터 핑크빛 대한민국의 미래가 느껴지면서 좋은 밭이 우리 아이들에게 또 다른 선물을 준비했다. 3-4년 동안 다국어 습득을 즐겁게 경험했으니 그에 합당한 보상을 해주기로 했다. 다국어로 잘 놀아준 아이들에게 고마움의 표시로 '주니어다국어놀이학습코칭지도사'라는 자격증을 주기로 했다. 즐겁게 이룬 다국어 구사능력과 미래를 살아갈 익힘의 능력을 자연스럽게 체득한 유아들에게 주는 선물이다. 이 선물이 유아에게 또 다른 내적 동기가 될 것이다. 자신의 인생을 즐겁게 누리다 보면 생각지도 못한 선물이 있다는 긍정적 사고를 갖게 되는데 조금이나마 보탬이 될 것이라고 기대해본다.

발명 특허 받은 다국어 동시학습 시스템, 세계의 문을 두드리다

누구나 생각할 수 있지만, 모두가 인정하도록 실재화 하는 것은 결코 쉽지 않다. 더불어 개념과 실재가 함께 있다는 것은 이미 이긴 상태에서 그 길을 가는 것이다. _제임스 진, 폴 킴

발명 특허로 인정받고 현장으로 증명된 다국어 동시학습 시스템은 조금씩 그 위상이 달라지기 시작했다. 국내는 물론 해외까지도 소문이 퍼졌고 협력하자는 업체의 프로포즈가 쇄도하면서 해외 수출의 길이 열리려는 모양새였다. 아무것도 없이 개념만 가지고 시작했던 〈영어는 기술이다〉는 수능에서 외국어 영역 만점자가 나오면서 대중에게 알려지기 시작했고, 그와 반대로 다국어 동시학습 시스템은 실재가 먼저 있고, 그 결과물을 특허라는 방식으로 개념을 인정받게 되었다. 보통 특허를 통해 개념을 먼저 정립하고 실재를 만들어가는 방식과는 정 반대였다. 이 모든 것이 가능했던 것은 〈영어는 기술이다〉로 외국어 습득의 원천기술을 영어로 먼저 증명했기 때문이다. 물론 사람들은 수많은 영어 학습법 중에 하나라고 무시당했지만, 결국 세계 최초로 특허 받은 다국어 동시학습 시스템을 통해 언어의 원천기술을 가지고 있다는 것을 인정받았고 교육현장으로 증명하게 된 셈이다.

제임스와 폴에게 특허는 여러가지 의미가 있지만, 사람들에겐 사업적 가치로 의미가 있을 것이다. 그럼에도 불구하고, 해외 파트너와 손을 잡기 위해서는 절대적으로 언어의 본질을 이해하고 있는 사람과 연결되기를 바라는 마음이 간절했다. 모든 인류가 언어를 올바르게 인식하고 지식의 노예에서 하루 빨리 해방되기를 바라기 때문이다. 스스로 원한다고 되는 것도 아니요, 원하지 않는다고 안 되는 것도 아니라는 것을 알기에 조급한 마음도 안타까운 마음도 없었다. 지금까지도 한 길을 걸어왔고, 앞으로도 그럴 것이니까. 하늘도 제임스와 폴을 마음을 알았을까? 우연한 일이 벌어지기 시작했다. 아니 엄밀히 말하면, 이미 조짐이 있던 사건이 벌어지기 시작했다.

옷자락만 스쳐도 인연이라고 했던가? '3개국어를 어떻게 동시에 가능하냐'며 따졌던 천 회장이 대형 사고를 치고 말았다. 천 회장은 제임스와 폴이 모르게 자신의 모든 인맥을 동원해서 해외 파트너를 물색하고 있었다. 본인 스스로도 언어의 관심이 많았기에 어렵게 외국어를 습득했던 경험을 간과하고 싶지 않았다. 수십년을 해외 사업을 하면서 일궜던 사업수완과 그로 인해 형성된 비즈니스 인맥들이 세계 각국에서 왕성하게 활동하고 있었다. 면밀하고 긴밀하게 해외 파트너를 만나면서 적절한 후보군을 형성되자, 어느 날 갑자기 제임스에게 전화가 왔다.

"절 기억하지요? 제임스 원장님?" 이렇게 시작된 대화는 곧바로 일본행 비행기를 타게 만들었다. 일본에서 유아사업을 크게 하는 오랜 지인이면서 파트너인 후카모토 상을 만날 기회를 잡게 된 것이다. 제임스와 폴은 해외 사업의 시작이 일본이라는 점이 마음에 걸리기도 했다. 대한민국이 영어의 노예가 되게 만든 나라를 상대로 비즈니스를 한다는 것이 편하지가 않았다. 천 회장의 호의를 저버릴 수가 없어서 예의를 다하고 거절할 심상으로 먼 나라 이웃나라인 일본으로 향했다.

시골 같은 분위기의 고베에 도착한 제임스와 폴은 어떻게 거절해야 할지 고심하고 있던 찰나에 한 신사가 다가왔다.

"한국에서 오신 제임스와 폴… 이무니까?" 어설프지만 뚜렷하게 한국어로 말을 했다. 온화한 인상에 생기가 넘친 얼굴로 제임스와 폴을 맞이했다.

"오늘 계약하고 가셔야 하므니다. 만나기로 할 때부터 계약을 결심했스무니다. 저는 천 상으로부터 두 분의 이야기를 들었스무니다. 저는 이번 계약이 두 가지 의미가 있스무니다. 우선, 한국은 일본보다 언어적으로 뛰어난 민족이라는 사실을 인정하고 싶기 때문이무니다. 한국을 이겨보려고 시작한 한국어 공부였지만, 한국어를 배우면서 한국어의 창의성과 우수성 그리고 언어의 담긴 세종대왕의 애민정신에 감동했스무니다. 두 번째는 한국이 만든 외국어 프로그램, 특히 다국어를 동시에 익힐 수 있는 시스템이라는 사실에 호감이 갔쓰무니다. 한국 컨텐츠는 세계적인 호응을 얻고 있스무니다. 개인적으로 한국 드라마는 하나도 빠짐없이 챙겨보고 있스무니다. 마지막으로 두 분에 대한 천 회장의 신뢰와 두 분이 이루신 한국의 교육환경의 변화를 직접 확인할 수 있었쓰무니다. 천 회장이 보여준 유아들의 교육 현장의 반응과 가능성 그리고 실재를 보고 '제가 찾던 프로그램이다'라고 했쓰무니다. 오늘 계약을 하지 않으시면 한국으로 돌아가기 어려우실 것이무니다." 웃음 뒤에 단호함과 간절함이 충분히 느껴지는 브리핑이었다.

제임스와 폴은 해외 사업 건으로 이런 반전은 처음이었다. 두 사람이 일본에 대한 감정이 좋지 않았지만, 후카모토 상의 한국에 대한 호의와 교육 비즈니스 파트너로 진솔함이 제임스와 폴의 마음을 움직였다. 특히 한국에 대한 언어적 역사를 잘 이해하고 있고, 언어의 사용을 인격안에서 표현하는 모습이 감동적이었다. 제임스와 폴은 친구처럼 후카모토에게 다시 감사의 악수를 청하고 17년의 여정과 개발과정을 이야기했다. 처음 만난 사람들 같지 않고 전혀 어색하지 않았다. [다국어 동시학습 시스템]의 해외 사업의 시작은 그렇게 싹이 트기 시작했다.

후카모토상

모든 언어는 하나이며
사랑의 표현이다

    필자에게 언어는 특별하다. 젊은 시절부터 그리스도인으로 인생을 살면서 세상의 많은 풍파를 겪으며 살다 보니 늘 옆에서 위로가 되고 용기가 되었던 것이 성경이며 말씀이었다. 세상의 트랜드나 요구에 쉽게 흔들리지 않았던 것이나 사업을 빙자한 사기를 당할 때도 환경이나 세상을 원망해 본 적이 없었다. 17년의 세월에는 인생과 사업의 흥망성쇠가 함께 했고, 이 모든 과정을 말씀으로 위안을 받으며 뚜벅뚜벅 걸어왔다. 바보처럼 한 길만 걷게 된 것도 '말씀'과 대화를 하면서 순간 순간을 결정하며 왔는데, 그 길이 외길이 되어 있었다. 참 고집스럽다는 생각을 하면서도 단 한 번도 후회를 해본 적이 없었다. 신기하게도 말이다.

    필자의 인생을 보면서도 그렇지만, 외국어 학습법을 집필한 저자이고 [다국어 동시학습 시스템] 개발자이며 발명가인 입장에서도 성경안에 있는 말씀은 직감과 영감을 줄 때가 많았다. 언어를 다루는 관점에서 말씀을 들여다보면서 새로운 의미를 발견한 경우가 많았으니까. 창세기 1장 1절과, 요한복음 1장 1-2절, 창세기 11장 1절은 필자의 시그니쳐 말씀 구절이다. 영어와 다국어를 개발할 때나 문제가 풀리지 않을 때마다 되뇌어 보는 구절이다. 종교적인 성격을 떠나서 우리 모두 말이 갖고 있는 힘을 경험한 적이 있을 것이다. 말로 인해 웃고 울고 상처받고 때론 삶을 살아갈 힘과 용기가 되기도 한다. 심지어는 누군가에겐 세상을 살아갈 이유를, 누군가에겐 죽음으로 삶을 마감하게 만드는 엄청난 힘을 가지고 있는 것이 언어다. 그렇게 생각해보면 인간이 말하는 대로 어떤 일들이 이뤄지는 것을 보면 말은 생명력을 가지고 있고 어떤 인격체처럼 여겨진다. 하나님이 세상을 창조했다는 말이나 말씀이 하나님과 함께 있었다는 말씀이 너무나 이해가 되는 대목이기도 하다.

언어를 다루는 필자입장에서 '온 땅에 언어가 하나였고, 같은 말이 쓰이고 있었다'는 창세기 11장 1절 말씀을 보면서 정말 신기했던 적이 있었다. 이런 말씀 구절이 왜 성경에 기록되어 있을까? 라는 생각으로 꼬리에 꼬리를 무는 상상을 하며 몇 날 몇 칠을 보냈던 기억이 있다. 이 사실을 믿든 안 믿든 중요한 것은 언어가 있기 전에 개념이 존재했다는 것이다. 이 개념이 표현되는 것이 언어일 뿐이다. 언어보단 '말'이라고 하는 것이 더 정확한 표현이다. 문자라는 것이 왜 생겼을까? 짚어가다 보면 헤어나올 수 없는 늪에 빠지게 된다. 그런데, '말'을 먼저 생각하면 의외로 문제는 간단해지고 쉬워진다. 문자가 없을 당시에도 말은 존재했다. 그 말이 처음에 하나였을까? 여러 개의 말이 있었을까? 여기까지 짚어가다 보면 결국 언어의 시작은 하나의 개념으로부터 시작되었을 거라는 추측을 해보게 된다. 말이나 문자는 다르너라도 개념은 같다. 같은 개념을 다른 말이나 문자로 표현했다는 의미다.

Good morning과 Buenos días 그리고 早上好는 소리와 문자는 다르지만 모두 아침인사의 개념을 가지고 있다. 한 개념 안에서 언제부턴가 다른 소리와 문자가 된 적이 있었다는 말이기도 하다. 필자가 이런 말을 장황하게 설명하는 이유는 모든 언어는 결국 하나의 개념안에서 흐르고 있다. 단지 소리와 문자가 다를 뿐이니 모든 언어의 개념은 이미 다 알고 있다는 사실을 잊지 않았으면 좋겠다. 그러니 외워야 하고 이해해야 한다는 관념을 버리고 단순하게 같은 개념을 다른 소리와 문자로 표현해보는 것이 익숙하지 않을 뿐이라는 의미로 외국어를 받아들이면 아주 쉽고 단순하다는 느낌이 들 것이다.

결국, 이런 단순함과 순수한 집근이 독자들을 만 3살짜리 아이로 만들어줄 것이다. 그때부터 외국어, 다국어는 쉽다. 이미 알고 있다는 든든함과 만 3살짜리의 아이의 단순함으로 그냥 말을 쏟아내면 되는 것이다.

하나님이 인간에게만 언어를 준 특별한 이유는 사랑이다. 하나님 앞에 인간은 아주 하찮은 존재일 수도 있고 귀한 존재일 수도 있다. 하나님이 인간에게 바랬던 것은 자신과 하나가 되고 싶었던 것이다. 인간 세상에서도 서로가 하나가 되는 유일한 길은 사랑이다. 마찬가지로 하나님과 사람이 하나가 되는 길은 사랑이며 그 사랑을 서로 표현하는 유일한 방법은 언어다. 우리는 언어로 무엇을 표현하고 사는가? 지식인가? 사랑인가?

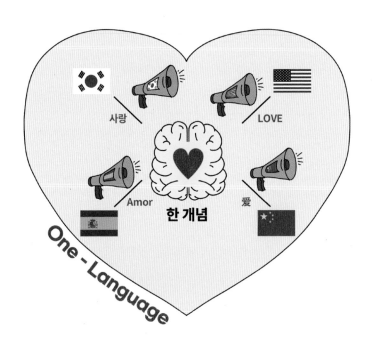

다국어 동시 말하기, 유대인을 넘다

참고문헌 및 관련 기사

참고문헌

Albert Costa, The Bilingual Brain and What it Tells Us about the Science of Language. New York: Penguin Random House, 2020.

Kuhl, P. K. (1999). 연설, 언어 및 두뇌 : 학습을위한 선천적 인 준비. M. Konishi & M. Hauser (Eds.), 의사 소통의 신경 메커니즘 (pp. 419-450). 캠브리지, MA : MIT 출판사.

Kuhl, P. K., & Meltzoff, A. N. (1982). 유아기의 말에 대한 이중 모드 인식. 과학, 218, 1138-1141.

Kuhl, P. K., & Meltzoff, A. N. (1997). 진화, 출생주의, 언어와 언어의 발달에서의 학습. M. Gopnik (Ed.), 문법의 상속과 선천성 (pp. 7-44). 뉴욕 : 옥스포드 대학 출판부.

Liu, H. M., Kuhl, P. K., & Tsao, F. M. (2003). 어머니의 언어 명확성과 유아의 언어 차별 기술 사이의 연관성. 발달 과학, 6, F1-F10

Silva-Pereyra, J., Rivera-Gaxiola, M. & Kuhl, P. K. (2005). 미취학 아동의 문장 이해에 대한 사건 관련 뇌 잠재적 연구 : 의미 론적 및 형태 론적 처리. 인지 뇌 연구, 23, 247-258

Kuhl, P. K. & Rivera-Gaxiola, M. (2008). 언어 습득의 신경 기질. 신경 과학의 Anuual 검토. 31, 511-534.

Imada T., Zhang Y., Cheour M., Taulue S., Ahonene A. & Kuhl, P. K. (2006) 유아 언어 인식은 Broca의 영역을 활성화시킵니다 : 발달 자기 뇌파 조영술 연구. 신경 보고서. 17, 957-962

Kuhl, P. K. (2000). 언어, 마음, 두뇌: 경험은 인식을 바꿉니다. M. S. Gazzaniga (Ed.), The new cognitive neurosciences (2nd ed.) (pp. 99-115). 캠브리지, MA : MIT 출판사.

Kuhl, P. K., Tsao. F.-M., & Liu, H.-M. (2003). 유아기의 외국어 경험 : 단기 노출과 사회적 상호 작용이 음성 학습에 미치는 영향. 국립 과학 아카데미의 절차, 100, 9096-9101.

Tsao, F.-M., Liu, H.-M., & Kuhl, P. K. (2004). 유아기의 언어 인식은 삶의 두 번째 해에 언어 발달을 예측합니다 : 종단 연구. 아동 발달, 75, 1067-1084.

Zhang, Y., Kuhl, P. K., Imada, T., Kotani, M., & Tohkura, Y. (2005). 언어 경험의 효과 : 언어 별 청각 패턴에 대한 신경 헌신. 뉴로이미지, 26, 703-720.

Imada, T., Zhang, Y., Cheour, M., Taulu, S., Ahonen, A. & Kuhl, P. K. (2006). 유아 언어 인식은 브로카의 영역을 활성화합니다 : 발달 MEG 연구. 뉴로리포트, 17, 957-962.

Bialystok, Ellen; Raluca Barac (March - April 2012). "Bilingual Effects on Cognitive and Linguistic Development: Role of Language, Cultural Background, and Education". Child Development.

Bialystok, Ellen (June 2011). "Coordination of executive functions in monolingual and bilingual children". Journal of Experimental Child Psychology.

Bialystok, Ellen; Gigi Luk; Fergus Craik (March 2009). "Cognitive Control and Lexical Access in Younger and Older Bilinguals". Journal of Experimental Psychology: Learning, Memory, and Cognition

Bialystok, Ellen; Raymond Klein; Fergus I. M. Craik; Mythili Viswanathan (December 2003). "Bilingualism, Aging, and Cognitive Control: Evidence From the Simon Task". Psychology and Aging

Bialystok, Ellen; Gigi Luk; Fergus I. M. Craik; Cheryl L. Grady (September 2011). "Lifelong Bilingualism Maintains White Matter Integrity in Older Adults". The Journal of Neuroscience

Bialystok, Ellen; Fergus I.M. Craik; Morris Freedman (November 2010). "Delaying the onset of Alzheimer disease: Bilingualism as a form of cognitive reserve"

Martha Shade. "Bilingualism is good medicine for the brain". CNN.

Neurofitness: 성능을 향상시키고 창의력을 발휘하는 뇌 외과 의사의 비밀, Rahul Jandial, 2019

머리와 뇌 손상에 관한 100 가지 질문과 답변, Rahul Jandial, Samuel A. Hughes,

Charles B. Newman, 2008

다민족 다중 언어 국가 인도의 언어 정책

장세희, 아동의 암묵적 기억의 발달: 범주 전형성과 제시양식의 영향, 성균관대학교, 석사학위 논문, 2004

암묵적 기억의 발달: 지식기반과 메타기억의 영향

곽정민, 강민정의 유아교육에서 놀이와 학습과의 역동성(2009), 어린이미디어연구, 8(1), 143-164

유혜령의 유아의 역할 놀이에 나타난 모방과 창조의 미학(2004), 유아교육연구, 24(3), 277-304

임부연의 미래사회 준비를 위한 놀이중심 국가수준 유아교육과정 개발방향 모색 (2017), 교육혁신연구

James E. Johnson, James F. Christie, Thomas D. Yawkey(2002), 놀이와 유아교육, 신은수 김은정 안부금 유영의 역. 서울:학지사

이숙재의 영유아 놀이의 이론과 실제(2016), 서울 : 창지사

On the bilingual advantage in conflict processing: Now you see it, now you don't Albert Costa ; Mireia Hernández;Jordi Costa-Faidella;Núria Sebastián-Gallés. Cognition (2009)

Bilingualism aids conflict resolution: Evidence from the ANT task Albert Costa; Mireia Hernández;Núria Sebastián-Gallés. Cognition (2008)

Lexical Access in Bilingual Speech Production: Evidence from Language Switching in Highly Proficient Bilinguals and L2 Learners. Albert Costa;Mikel Santesteban.Journal of Memory and Language (2004)

Cognitive mechanism of multilingual processing- The effect of German(L3) acquisition on the processing of English(L2) and Korean(L1)

관련 기사

[키즈브레인 1편] 유아기 폭발적 두뇌발달, 신체-정서-인지 균형이 핵심 (brainmedia.co.kr)

이중 언어 사용자들의 뛰어난 사회성-The New York Times (nytimes.com)

이중언어 교육의 장점 : 네이버 블로그 (naver.com)

폴리아카데미 :: 다국어 이중언어의 이점 (tistory.com)

이중 언어 사용이 아이에게 미치는 긍정적인 영향 3가지 | 중앙일보 (joongang.co.kr)

이중 언어교육을 해야 하는 이유 (khan.kr)

한국학교 공지사항 – 이중 언어 교육의 필요성 (edenchurch.com)

Opinion | The Benefits of Bilingualism—The New York Times (nytimes.com)

The Bilingual Brain by Albert Costa review – enlightening and astonishing | Science and nature books | The Guardian

The Bilingual Brain by Albert Costa review – the science of learning | Science and nature books | The Guardian

The Exposure Advantage: Early Exposure to a Multilingual Environment Promotes Effective Communication—Samantha P. Fan, Zoe Liberman, Boaz Keysar, Katherine D. Kinzler, 2015 (sagepub.com)

https://m.health.chosun.com/svc/news_view.html?contid=2015102002328

https://m.blog.naver.com/PostView.naver?isHttpsRedirect=true&blogId=iluvkysn&logNo=221135695783

http://www.astronomer.rocks/news/articleView.html?idxno=89512

https://english-school.tistory.com/13

https://kizmom.hankyung.com/news/view.html?aid=201112235707o

다국어
브레인리더(MBL)
모집 안내문

다국어 브레인리더(MBL) 모집 안내문

Multi-Lingual Brain Leader is…

『다국어동시학습코칭지도사 자격을 갖춘 전문코치로서 다국어와 놀이활동을 통해 두뇌를 개발하여 창의적인 사고와 문제해결능력이 탁월한 4차 산업혁명의 글로벌 인재를 양성하는 Leader's Group』

Historical basis

다국어 전문가가 아닌 유대인의 부모는 자녀가 8세가 되기 전에 3개국어를 할 수 있도록 했다. 어릴 때부터 다국어를 통해 두뇌를 개발하고 익힘의 즐거움을 경험하도록 하여 세계적인 리더로 활동할 수 있는 기회를 제공했다.

㈜티오엘에듀케이션는 세계 최초로 특허 받은 '다국어 동시학습 시스템'을 통해 유대인과 우리 조상들의 다국어 습득방식인 '큰소리 리듬읽기'를 계승.발전시킨 코칭법과 코칭큘럼을 활용하여 3개국어를 동시에 습득할 수 있도록 했다. 또한 익힘의 능력을 어릴 때부터 갖추도록 하여 미래사회의 인재로 활동할 수 있도록 돕고 있다.

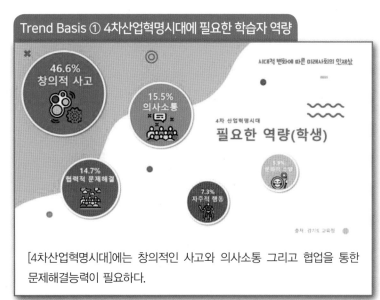

Trend Basis ① 4차산업혁명시대에 필요한 학습자 역량

[4차산업혁명시대]에는 창의적인 사고와 의사소통 그리고 협업을 통한 문제해결능력이 필요하다.

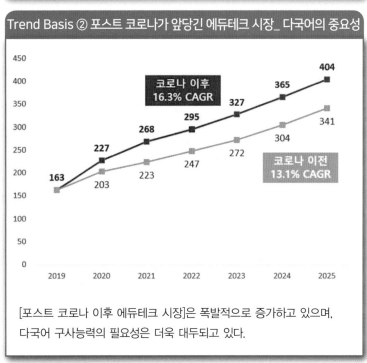

Trend Basis ② 포스트 코로나가 앞당긴 에듀테크 시장_ 다국어의 중요성

[포스트 코로나 이후 에듀테크 시장]은 폭발적으로 증가하고 있으며, 다국어 구사능력의 필요성은 더욱 대두되고 있다.

엘렌 비엘스톡_ 요크대학 심리학자

"모든 문장을 다중언어로 말하면, 창의적인 사고와 문제해결능력이 향상될 뿐만 아니라 주의력과 집중력 그리고 사회성이 높아진다."

페트리샤 쿨_ 위싱턴대학 언어학박사

"0-7세는 모든 언어습득의 결정적 시기이며, 동시에 7개 언어습득이 가능하다."

M.Brain Leader 모집 및 수료과정

모집 대상	4~10세 자녀를 둔 부모 or 다국어 동시학습 교육에 관심있는 누구나	
모집 인원	100명 (지역별 모집 고려)	
수료 과정	수료 과목	비고 및 교육형태
	다국어 동시학습 시스템의 전반적인 이해	줌 교육
	코칭법과 코칭큘럼의 이해	줌 교육
	뇌과학과 메타인지 향상 코칭	줌 교육
	언어와 놀이의 역사적 고찰	줌 교육
	놀이와 학습의 연관 관계	줌 교육
	다국어놀이학습_놀이중심 Activity I	대면 교육
	다국어놀이학습_씨앗이 되는 단어와 문장	대면 교육

	다국어놀이학습_ 큰소리리듬읽기 I	대면 교육
수료 과정	TOL MBL App 활용 및 영상 포트폴리오 Up-load	줌 교육
	TOL MBL App 평가 및 관리에 따른 코칭 가이드 _ 월 1회	줌 교육
	저자·개발자·발명가의 자녀를 위한 줌 코칭 가이드_ 월 1회	줌 교육
	저자·개발자·발명가와의 만남_ 상·하반기 1회	대면 교육별도 안내
	자격과정 필기 및 실기 시험 (3시간)	대면 시험
	SNS코칭 _ 자격과정을 위한 개인별 훈련 기록 에 대한 코칭_ 주기적	전화 코칭

다국어놀이학습코칭지도사 자격과 역할

3급 과정	자격	준전문가 수준의 다국어놀이학습 코칭능력을 가지고 있으며 다 국어놀이학습코칭지도사 교육자, 다국어놀이학습 사례를 통해 컨텐츠 활용 능력을 갖춰야 한다.
	역할	다국어놀이학습 교육(감독) 및 파견, 다국어놀이학습 컨텐츠 활 용, 다국어놀이학습 활동
2급 과정	자격	전문가 수준의 뛰어난 다국어놀이학습 코칭능력을 가지고 있으 며, 다국어놀이학습코칭지도사 3급을 교육할 수 있어야 한다. 또한 다국어 놀이학습 활동을 연구·개발 능력을 갖춰야 한다.
	역할	다국어놀이학습코칭지도사 3급 교육, 다국어놀이학습 활동 연 구·개발

3급 과정	자격	주니어 대상으로 준전문가 수준의 다국어놀이학습 코칭능력을 가지고 있으며 다국어놀이학습 활동을 통해 컨텐츠 활용 능력을 갖춰야 한다.
	역할	주니어다국어놀이학습 교육, 다국어놀이학습 컨텐츠 활용
2급 과정	자격	주니어 대상으로 전문가 수준의 뛰어난 다국어놀이학습 코칭능력을 가지고 있으며 주니어에 맞는 다국어놀이학습 Activity 연구개발 능력을 갖춰야 한다.
	역할	주니어다국어놀이학습코칭지도사 3급 교육, 주니어다국어놀이학습코칭 커뮤니티 운영, 주니어다국어놀이학습 Acitvity 연구 및 개발

혜택 및 지원 방법

	세부 혜택 내용	비고
혜택	1) 다국어놀이학습코칭지도사 자격과정 도서 1권	
	2) 다국어 동시 말하기 유대인을 넘다 도서 증정	
	3) 자녀 다국어 교육을 위한 도서 및 컨텐츠 제공 　교육 자료 및 코칭 플랜 　다국어 연간 교재 10권 　교재 10권 활용을 위한 코칭 컨텐츠 　(첸트 + 스피드 카드 + 리듬읽기 + 놀이활동) 　TOL MBL App 제공	
	4) 다국어놀이학습코칭지도사 3급 과정 수료증	
	5) 주니어다국어놀이학습코칭지도사 3급 과정 수료증 　(자녀의 10개월간의 다국어 구사능력 향상 영상 업로드 완료 시)	영상제출로 실기시험 대체
	6) 다국어놀이학습코칭지도사 3급 자격증 발급(필기. 실기완료시)	발급비 별도

혜택	7) 다국어 놀이학습코칭지도사 3급 자격증 발급(영상자료로 대체)	발급비 별도
	8) 지역 및 본사 Brain Leader로 활동 지원_자격증 취득 후 논의	
	9) 자녀의 다국어 구사능력 변화 과정 영상 체험사례 제공 시(초상권 허용 간주) 10만원 상품권 지급 + 다국어 1년 교재 추가 구매 시 20% 할인 혜택 자녀의 다국어 구사능력 변화 과정 체험 후기 작성 시, 1만원 상품권 + 다국어 1년 교재 추가 구매 시 10% 할인 혜택	
	10) MBL Coaching Club 운영 시, 다양한 마케팅 지원 및 초도 물품 할인	별도 문의
지원 방법	1) 티오엘에듀케이션 홈페이지 공지사항_ MBL 지원 신청서 다운로드 2) 신청서 작성 후, toleducation@naver.com 메일 주소로 접수 3) 줌을 통한 화상 면접 5) 화상 면접 후, 3일 이내 합격자 통보	
비용	1) MBL 과정 신청 + 자녀 다국어 교육 과정 (10개월) 2) MBL 과정 신청 + 자녀 다국어 교육 과정과 함께 MBL Coaching Club(블루, 레드) 운영 신청할 경우	별도 문의
교육	1) 합격 후, 본사 교육일정 공유 2) 3개월 자격과정 코칭 수료 및 자격증 발급 후, 자녀 코칭 진행 _ 1차 경력 간주 3) 자녀 코칭에 따른 코칭 가이드 진행 4) 자격과정 자신과 자녀의 변화과정 피드백 5) 교육현장 및 교육 강사로 활동할 수 있는 기회 제공 (2~4항 결과에 따른 혜택, 2차 경력으로 간주)	

Multi-lingual Brain Leader
(MBL 신청서)

개인정보

성함		생년월일	
메일 주소		연락처	
주소			

피교육자(MBL 대상자 파악 및 교육경험을 위한 자료) : 교육 대상자 기본 정보

관계	이 름	생년월일	영어학습 경력

교육사업 경력(교육 사업을 경험한 분만 기재)

업체	직무 및 역할	경력

유의사항

귀하의 개인정보는 MBL 면접과 합격 후, 이력관리를 위한 용도로만 사용되며 불합격 시 〈개인정보 보호법〉에 따라 자동폐기됨을 알려드립니다. 신상정보를 정확히 기재해주시기 바랍니다

신청인의 세부 내용

[지원 동기]_100자 이내

[외국어에 대한 가장 큰 고정관념이 있다며…] 2개만 고르시오.

　① 외국어는 외워야 한다.　　　　② 전문가가 가르쳐줘야 한다.

　③ 외국어는 어렵다.　　　　　　④ 외국어는 평생해야 한다.

[자녀는 외국어를 어떻게 경험하고 있는지]

　① 주로 학원에서 입시형태로 하고 있다.

　② 초등학생부터 하려고 생각하고 있다.

　③ 주로 회화 중심으로 가볍게 하고 있다.

　④ 개인 교사 혹은 다양한 App을 활용하고 있다.

[외국어를 동시에 습득한다고 할 때 무슨 생각이 가장 먼저 드는가?]

　① 불가능하다는 생각이 든다. (이유 :

　② 영어 하나도 제대로 못하는데, 다국어를 동시에 한다고? (이유 :

　③ 가능하다는 생각이 든다. (이유 :

TOL EDUCATION CO. LTD.

CERTIFICATE
OF QUALIFICATION

민간자격등록번호 제 2021-004268 호

자격번호 2021 - 01 - 01 - 0000

다국어놀이학습코칭지도사 3급
Training Learning Multilingual Coaching Facilitator Level 3

성명   김현수 (Paul Kim)
생년월일   1980년 01월 01일
취득일   2021년 01월 01일

This is to certify that course has successfully completed
all the certificate requirements under the TOL Education Co. LTD.

주식회사 티오엘 에듀케이션
TOL EDUCATION CO., LTD.

제2021-004268호

CERTIFICATE
— OF COMPLETION —

다국어놀이학습코칭지도사   **성   명** : 김 현 수
3급   **생년월일** : 1980년 01월 01일
     자격번호 : 2021-01-01-0000

위 사람은 주식회사 티오엘 에듀케이션에서 실시한
다국어놀이학습코칭지도사 3급자격 검정과정에
합격하였기에 이 자격증을 수여함.

received the certificate of   recibió el certificado de aprove-
achievement for his outstand-   chamiento por su destacada ac-
ing performance in the Training   tuación en el Training Learning
Learning Multilingual Coaching   Multilingual Coaching Facilita-
Facilitator Level 3.   tor Nivel 3.

2022년   월   일

주식회사 티오엘에듀케이션
대표이사 진 기 섭

TOL EDUCATION CO. LTD.
CERTIFICATE
OF QUALIFICATION

민간자격등록번호 제 2022-002645 호

자격번호 2022 - 01 - 01 - 0000

주니어다국어놀이학습코칭지도사 3급
Junior Training Learning Multilingual Coaching Facilitator Level 3

성명 김윤국 (Aiden Kim)
생년월일 2018년 01월 01일
취득일 2022년 01월 01일

This is to certify that course has successfully completed
all the certificate requirements under the TOL. Education Co. LTD.

주식회사 티오엘 에듀케이
TOL EDUCATION CO., LTD.

제2022-002645호.

CERTIFICATE
── OF COMPLETION ──

주니어다국어놀이학습코칭지도사 3급

성 명 : 김 윤 국
생년월일 : 2018년 01월 1일
자격번호 : 2022-01-01-0000

위 사람은 주식회사 티오엘 에듀케이션에서 실시한
주니어다국어놀이학습코칭지도사 3급자격 검정과정에
합격하였기에 이 자격증을 수여함.

received the certificate of
achievement for his outstand-
ing performance in the Junior
Training Learning Multilingual
Coaching Facilitator Level 3.

recibió el certificado de aprove-
chamiento por su destacada ac-
tuación en el Junior Training
Learning Multilingual Coaching
Facilitator Nivel 3.

2022년   월   일

주식회사 티오엘에듀케이션

대표이사 진 기 석

[MBL 교육과정에서 가장 관심이 깊은 과정은?]

　① 다국어 동시학습 시스템의 전반적 이해 ② 코칭법과 코칭큘럼의 이해

　③ 뇌과학과 메타인지 향상 코칭　　　　④ 언어와 놀이의 역사적 고찰

　⑤ 놀이와 학습의 연관 관계　　　　　⑥ 다국어놀이학습 놀이활동

[외국어를 공부하면서 가장 힘들었던 경험은?]_ 100자 이내

[다국어를 동시에 할 수 있다는 경험을 한다면, 자녀에게 적용하고 싶은
의사가 있는가?]

적용해보고 싶다. 왜냐하면,

적용하고 싶지 않다. 왜냐하면.

[만약에 MBL회원이 된 후에 경제적 수익을 창출할 기회가 주어진다면, 해보고
싶은 분야는?]

① 본사의 강사로 활동할 기회

② 지역권에서 MBL Coaching Club을 운영할 기회

③ 지역권 교육기관의 MBL(다국어 브레인리더)로 활동할 기회

④ MBL 온라인 코치로 활동할 기회
　　해당 분야 기회를 선택한 이유는?

[본사가 운영하는 MBL Coaching Club 회원으로 활동하면서 어떤 정보를 얻고 싶은가?]_ 2개 선택

① 다국어와 뇌 발달에 관한 정보

② 다국어 말하기 놀이활동에 대한 정보와 자료

③ 놀이와 뇌 과학에 관한 정보

④ 자녀에 다국어 교육을 위한 코칭 가이드

⑤ 지역권 MBL 활농에 대한 정보와 자료

위 내용은 사실임을 확인합니다.

Multi-lingual Brain Leader
(자격과정 체험후기)

개인정보

성 함		자격과정	
생 년 월 일		자격증 번호	
메일 주소		연락처	
주소			

자격과정 체험후기

[체험 후 가장 큰 변화가 있다면?]

[생각의 변화]_ 다국어 동시학습의 가능성에 대한 첫 인식부터 체험 후
다국어 동시학습에 대한 생각

[다국어 체험에 대한 현상의 변화]_다국어 동시학습을 직접 체험하면서
일어난 현상 중심으로 기술

[다국어 동시학습을 어린 자녀에게 적용했더니..]

[자신과 자녀의 다국어 구사능력 향상에 대한 변화과정을 남긴 영상을 통해
확신할 수 있었던 사실은..]

[다국어 동시학습에 대한 체험의 결론]

익힘(졉)의 능력으로 빛을 발하다

다국어 동시 말하기 유대인을 넘다

1판 1쇄 찍은 날 | 2022년 10월 6일
1판 1쇄 펴낸 날 | 2022년 10월 12일

지은이 | 진기석, 김현수
펴낸곳 | 티오엘에듀케이션
펴낸이 | James Jin
기획자 | Alex Jin
디자인 | Penny Kim, 김민정

출판등록 | 2020년 11월 11일
주소 | 경기도 안산시 단원구 산단로 325, 리드 스마트스퀘어 지식센터 F동 1255호

전화 | 1855-0591
E-mail : toleducation@naver.com

ISBN 979-11-979860-0-0 (03700)
값 25,000원